自 然 科 学 考 察 丛 书

天 水 三 江

三江源自然保护区诞生记

陶宝祥 主编 陶宝祥 董锁成 著

人 民 邮 电 出 版 社
北 京

图书在版编目（CIP）数据

天水三江 ：三江源自然保护区诞生记 / 陶宝祥主编；陶宝祥，董锁成著. -- 北京 ：人民邮电出版社，2019.9
（自然科学考察丛书）
ISBN 978-7-115-51280-2

Ⅰ. ①天… Ⅱ. ①陶… ②董… Ⅲ. ①长江流域－科学考察－文集 Ⅳ. ①K928.42-53

中国版本图书馆CIP数据核字(2019)第094197号

◆ 主　　编　陶宝祥
著　　　　陶宝祥　董锁成
责任编辑　郎静波
责任印制　陈　犇

◆ 人民邮电出版社出版发行　北京市丰台区成寿寺路 11 号
邮编　100164　电子邮件　315@ptpress.com.cn
网址　http://www.ptpress.com.cn
北京富诚彩色印刷有限公司印刷

◆ 开本：690 × 970　1/16
印张：13　2019 年 9 月第 1 版
字数：166 千字　2019 年 9 月北京第 1 次印刷

定价：59.00 元

读者服务热线：(010)81055410　印装质量热线：(010)81055316
反盗版热线：(010)81055315
广告经营许可证：京东工商广登字 20170147 号

内 容 提 要

三江源地处青藏高原腹地，是世界屋脊上的“中华水塔”，是一个取之不尽、用之不竭的“大水库”。长江、黄河、澜沧江这三条大江就发源于此。

本书介绍了作者在三江源地区的科学探险考察经历，展现了三江源地区的地理风貌，记录了科学探险考察中的风风雨雨和酸甜苦辣。从长江源头漂流探险，到三江源自然保护区的建立，再到澜沧江源头的探寻，作者前后在三江源地区考察了几十年。本书是作者科学探险考察的真实手记，有益于引导青少年继承和发扬科学探险精神，不断探索和认识未知的大自然。

序

进入20世纪以来，我国启动和实施了多项科技基础性研究工作，这些研究工作需要通过科学考察、调查等过程，对基础科学数据资料进行系统收集和综合分析，以探求基本的科学规律。科技基础性工作长期采集和积累的科学数据与资料，为我国科技创新、政府决策、经济社会发展和国家安全保障发挥了巨大的支撑作用。这是我国科技发展的重要基础，是科技进步与创新的必要条件，也是整体科技水平提高和经济社会可持续发展的基石。

经过十几年的野外科学考察，1994年中国科学家发现和论证了世界第一大峡谷——雅鲁藏布大峡谷，1998年科考队首次徒步穿越了大峡谷，再次对大峡谷进行测量，进一步确定了其世界最大峡谷的地位。

2000年，在对世界屋脊青藏高原腹地的三江源地区多年考察的基础上，中国科学家首次提出了保护中华水塔、建立三江源自然保护区的建议。

2005年至今，中国科学家走出国门，与俄罗斯和蒙古的科学家共同考察了贝加尔湖地区、西伯利亚远东地区及蒙古高原，取得了丰硕的科学考察成果，填补了中国在俄蒙高纬度地区长期缺乏数据资料的空白。这对中国同俄罗斯、蒙古等邻国共同应对全球气候变化的国际合作，开展与周边国家的资源、生态环境、经贸及科技领域的跨境合作，维护东北亚国际生态安全和可持续发展，尤其是以科技支撑丝绸之路经济带和中蒙俄经济走廊建设都具有重要的战略意义。

人民邮电出版社出版的这套“自然科学考察丛书”涵盖了雅鲁藏布大峡谷科学考察、北极地区科学考察、青藏高原腹地三江源科学考察、澜沧江－湄公河科学考察、亚马孙热带雨林科学考察、中蒙俄贝加尔湖科学考察、塔克拉玛干罗布泊科学考察。这些地区都是对当今世界环境产生重要影响、人迹罕至、条件极其恶劣的特殊地区，也是世界自然资源考察的热门地区。参与此套丛书编写的作者既有科技工作者、新闻记者又有作家，这套丛书是他们亲临科学考察第一线的真实手记。各位作者以不同的视角、不同的深刻体验记录了科学考察中的风风雨雨和酸甜苦辣。从这些手记中，我感受到了科学考察的艰辛和享受自然的乐趣，既被科学家可歌可泣的科学考察故事感染，也为他们生死与共的情谊感动。同时，这套丛书还能让广大青年科技工作者和青少年了解更多关于野外科学考察的基本知识和真实情况，是难得的科普佳作。

在新时代，中国人民正在为实现伟大的中国梦而努力奋斗。希望广大青年科技工作者和青少年能发扬科学考察精神，不断探索未知，亲近大自然，认识大自然，热爱大自然，践行“绿水青山就是金山银山”的理念，为促进人与自然的和谐发展做出贡献。

中国工程院院士、中国科学院博士生导师

前言

人的一生有很多往事终生难以忘怀，对于我来说，在三江源进行考察的这段时光便是其中之一。1990~2000 年，我们在黄河、长江、澜沧江这三条大江的源头——海拔 4500~6000 米的雪域高原上，探索一个个科学上的未知。我们就像青藏高原上的牦牛，默默无闻地在三江源地区穿梭着……

这些往事，有些是平淡的，有些却是刻骨铭心的……

时光荏苒，岁月如梭。十年弹指一挥间，在历史的长河中是短暂的。1990~2000 年的十年是中国历史上光辉灿烂的十年，是我国政治、经济、文化发生重大进步的十年，是我国改革开放取得巨大成就的十年，是充满机遇、挑战、诱惑的十年。很多人在这十年里通过拼搏奋斗取得了事业的成功，也有一些人在这十年里碌碌无为，还有一些人因经不住各种各样的诱惑而被时代所抛弃。在这十年里，我们和三江源的山山水水结下了不解的情缘。为了认识这片未知的世界，我们忍受高寒缺氧，我们风餐露宿，我们与狼共舞，我们与死神同行。我们苦苦地追寻着，探索着……

十年我们做了两件让自己永生铭记的事：一，探寻到了澜沧江 - 湄公河的发源地——果宗木查雪山；二，根据这十年科学探险考察所积累的资料，第一个向党中央、国务院提出建立三江源自然保护区的建议。

从 1990 年第一次到三江源地区考察，到 2000 年三江源自然保护区成立，再到 2016 年三江源国家公园试点，使我深刻认识到中国生态环境保护与生态文明建设所走过的艰难道路和取得的伟大成就。同时，我也深刻感悟到科学探险考察除了要有科学上的新发现，还应该对国家的重大项目、重大工程提供技术支撑。这也是科学探险考察的目的和意义。

三江源自然保护区成立以来，三江源地区发生了巨变，“山青水绿生态好，野生动物满地跑”是今天三江源的真实写照。特别是近年来，习近平总书记提出的“绿水青山就是金山银山”的理念，在三江源自然保护区得到了全面贯彻和落实。三江源自然保护区经过多年的建设，于2016年被中央有关部门批准为中国第一批国家公园体制试点。这既是对三江源自然保护区工作的肯定，也是国家生态文明建设和环境保护工作的新起点。

我们深信，美丽富饶的三江源的明天会更美好。

目录

4　探寻澜沧江正源

5　澜沧江 – 湄公河上下求索

6 建立三江源国家公园

1

丰碑永驻三江源

三江之水天上来

青藏高原被称为“世界屋脊”。这里有高耸入云的冰峰雪山，美丽如画的辽阔草原，无尽的荒滩湿地，熠熠发光的湖泊，茂密的原始森林，神出鬼没的野生动物以及奔腾不息的浩瀚江河。长江、黄河、澜沧江这三条大江就发源于这片海拔最高、离太阳最近的雪域高原上。

长江是我国第一大河，世界第三大河，全长6380千米，自古就是我国东西航运及经济发展的大动脉，同时也是世界上最伟大、最壮丽的河流之一。

长江发源于唐古拉山主峰各拉丹冬雪山西南

▼ 三江之水天上来

侧的姜根迪如冰川。各拉丹冬，藏语的意思是“高高尖尖的山峰”。各拉丹冬雪山海拔6620米，由50多条巨大的冰川组成，姜根迪如冰川是其中最大的一条冰川。这里是一片美丽的冰塔林构成的世界，从远处望去，它们有的像直刺蓝天的宝剑，有的像千姿百态的宝塔。走近后会发现它们有的是高高耸立的冰柱，有的是上尖下粗的冰笋，有的则是形如彩虹的冰桥。这些洁白的冰川就是孕育长江的伟大源泉，是用之不竭的固体水源。

黄河是我国第二大河、世界第七大河，全长5500千米。黄河从古至今都是中华民族的母亲河，也是中华五千年灿烂文化的源泉。

黄河发源于巴颜喀拉山北侧海拔4982米的各姿各雅山。各姿各雅山下有各姿各雅贡玛、各姿各雅巴玛、各姿各雅尕玛三条小山沟。清澈的

▼ 三江源落日

泉水从山沟里涌出，这点点清泉就是我国万里大河——黄河之源。清澈的泉水涌出山谷汇集成宽约 3 米，深 30~50 厘米的卡日曲——它就是黄河源头的正源。

澜沧江－湄公河是著名的国际河，东南亚地区的第一巨川，全长 4880 千米，是连接我国与缅甸、泰国、老挝、柬埔寨、越南等东南亚 5 国的水上大通道，也是沿线各国人民的生命线。

澜沧江发源于唐古拉山北麓杂纳荣草原上海拔 5224 米的果宗木查雪山。一眼望去，杂纳荣草原绿茵茵、平展展、洁净如洗。夏季的草原上奇花异草亭亭玉立，随风飘舞，争芳斗艳。四周的群山，在晨雾中若隐若现，有的陡峭嶙峋如怪石林立，有的似大海中的波浪此起彼伏。草原西面有一座巨大的冰川仿若从天而降，冰川下的许多小溪像倒挂在天际的珍珠项链一般，顺着冲刷面形成的冰槽顺流而下，向着草原中部流去。这座巨大的冰川就是澜沧江的源头。

我国唐代大诗人李白有一句流传千古的名句“黄河之水天上来，奔流到海不复回”。它形象地描绘了黄河雄伟的风姿、磅礴的气势和一往无前的精神。千百年来，这脍炙人口的千古绝唱，激起了多少人对黄河的敬仰和眷恋。我们在对长江、黄河、澜沧江的科学探险考察结束之后，站在三江源头不由得更加钦佩大诗人李白。同时，我们也从自己的内心深处涌出了一句肺腑之言“三江之水天上来，一泻千里惠人间”。

丰碑永驻三江源

2000 年 8 月 19 日，全国十几亿双眼睛凝视着位于青海省玉树州的通天河畔。那天，一座由中共中央总书记、国家主席江泽民亲笔提名，人大常务委员会副委员长布赫亲自撰写碑文的巨型石碑树立在了通天河畔。这座在中华民族环境保护史上具有里程碑意义的纪念碑，标志着世界上海拔最高、面积最大、保护类型最多的自然保护区——“三江源自然保护区”从此进入实质性保护建设阶段。

当天上午 10 时，在国家林业局、青海省人民政府工作人员的共同主持下，在中央电视台、青海电视台的大型现场直播下，揭碑仪式正式开始。随着大红绸布飘然而落，“三江源自然保护区”这一碑铭跃入人们的眼帘。八个大字苍劲有力，迎着东方升起的太阳显得格外

三江源自然保护区纪念碑

醒目。碑的正面形似一个巨大的牛头，牛角上飘着一条洁白的哈达。藏族同胞有每年拿牛头来敬河神的习俗，碑的设计构思即来源于此。再仔细看就会发现，两只“牛角”被雕刻成人的两只巨手，寓意中华民族的“儿”“女”。洁白的哈达被雕成流动的河水，寓意长江、黄河、澜沧江的江水从两只手掌的几个方向涌下，汇成源远流长的大河，滋润着中华大地，养育着中华民族的世代子孙。

纪念碑的基座呈圆形，距地面的高度是4.5米，代表着三江源自然保护区的平均海拔高度4500米，基座的面积316平方米，代表着三江源自然保护区的总面积316000平方千米。整座纪念碑高6.62米，代表着长江源头各拉丹冬雪山的最高海拔6621米，纪念碑由56块花岗岩雕刻而成，代表着56个民族的中华儿女团结在一起，共同建设和保护祖国美好的锦绣河山。

三江源的各族儿女们为了

▲ 十里八乡的藏族同胞齐聚三江源

▲ 美丽的三江源少女

▲ 能歌善舞的藏族同胞

庆祝这一时刻的到来，纷纷骑着骏马，赶着牦牛，穿着盛装，摇着经筒，打着经幡，吹着法号，提前赶到通天河畔、金沙江边。他们在草原上支起了帐篷，跳起了锅庄舞。此时的通天河畔，巨碑两旁到处都是人的海洋，舞的世界……人们尽情地跳啊唱啊，用甜美的歌声表达对党对祖国的热爱，用愉快的舞蹈表现对大自然的珍惜与爱护。

从长江源头来的小姑娘才人卓尕，从黄河源头来的小男孩更松络周，从澜沧江源头来的小姑娘康卓吉，按照当地的风俗，带着他们在太阳即将升起时从家乡打的第一桶水（当地称为吉祥水）和从三江源头取的肥沃泥土，在巨碑的旁边亲手种下了象征三江源绿水青山的三棵松树。这三棵松树代表了三江源地区十几万各族同胞的美好祝愿。

一位精神矍铄、鹤发童颜的藏族老阿爸，穿着传统藏族服装，兴致勃勃地站在纪念碑的后面，用他特有的吟唱方式，高声吟唱着碑文。这位民间老艺人长期从事藏族民间歌舞的研究和藏族长篇英雄史诗《格萨尔王》的传唱活动。像他今天这样，在这么多人面前吟唱长篇碑文，在茫茫草原上是从来没有过的。人们尽情地唱着、跳着，三江源变成了欢乐的海洋。

巍巍昆仑无言，浩浩三江有声。三江之水是我们的生命之水，是中华儿女及东南亚各国人民生生不息的源泉。三江源自然保护区的巨大石碑向世人宣告：中国人将重建生命的绿地，让三江之水永世纯洁，万古流芳。

我和我的同事们在完成了为建立三江源自然保护区而进行的大型科学考察之后，也来到了庆祝会的现场。在欢乐的人群中，我们与当地的各族干部群众紧紧握手，热烈拥抱，共同分享着保护区成功落成的喜悦。住在黄河源头麻多乡的一位藏族老阿妈，手拿一条洁白的哈达从人群中缓缓向我走来。“妮玛老阿妈！”我高喊着与老阿妈抱在了一起。老阿妈把洁白的哈达系在了我的胸前，我双手合十，发自肺腑地说了一句：“妮玛阿妈，扎西德勒！”

十载三江铸深情

从1990年长江源头的漂流探险考察，到2000年三江源自然保护区建立，我们先后多次深入人类生命的禁区，考察长江的水资源，发表了多篇关于长江源头地区水环境演化的论文；探寻澜沧江的源头，使奔流了千万年的澜沧江真正成了有源之水；研究黄河的生态环境，提出了黄河综合治理的建议。根据三江源地区十多年来生态环境的变化，我们还提出了建立三江源自然保护区的方案。

十年，我们从风华正茂的青壮年变成了两鬓斑白之人。我们之中的很多人为了三江源的科学探险考察失去了多次出国深造及职务、职称晋升的机会，但我们无怨无悔，因为我们没有虚度年华。

十年，我们和三江源的山山水水结下了不解的情缘。为了认识这

▲ 洁白的哈达寄深情

▲ 喝一碗壮行的青稞酒

片未知的世界，我们忍受高寒缺氧，我们风餐露宿，我们与狼共舞，我们与死神同行。我们苦苦地追寻着、探索着。为了这片多情的土地有更美好的明天，我们愿变成一棵棵小草，永远扎根在三江源的沃土上。我们愿变成一滴滴水珠，永远在三江源地区流淌。

十年，我们和生活在三江源地区的各族同胞结下了深深的友谊。我们在三江源考察的每一天都得到了他们无私的关怀和巨大的帮助。我永远忘不了，在海拔 5000 多米的黄河源头，一辆考察车深深陷进了河中，我们想了很多办法都没能把车拖出来。眼看天快黑了，队员们一天滴水未进，又冷、又饿、又累，茫茫原野没有人烟，只偶尔传来一声声不知是狼，还是什么其他野兽的悲惨的叫声。就在我们几乎绝望的时候，从远方黑压压地跑过来一群牦牛，大家也不知它们是不是野牦牛。就在我们惊慌失措的刹那，几个骑着骏马、背着猎枪的藏族小伙子向我们赶来。一个藏族小伙子用生疏的汉语问我们："需要帮助吗？"我们就像即将被淹死的人，猛地抓住了一根救命稻草一样。说实在的，我们太需要帮助了。只见几个小伙子商量了一会儿，就分头从马背上找来了随身带来的绳子，领头的小伙子脱了藏皮袍，拿着绳子跳进了刺骨的河水之中。一分钟又一分钟，我们焦急地等待着。

▲ 藏汉一家亲

同行的其他藏族小伙子们也纷纷跳进冰冷的河水中。很快他们就在车前方不同的位置上拴好了绳子，并艰难地爬了上来。我们的队员赶紧把身上的羽绒服脱下来，跑过去披在藏族小伙子们身上。他们已冻得说不出话来，比画着让我们赶紧拖车。我们迅速把绳子拴在了马和牦牛的身上。刚才跳进水里的小伙子们把我们的羽绒服脱了，喝了几口自己带来的青稞酒，再次跳进水中，喊着口号，吆喝着马和牦牛。马和牦牛似乎也不忍心看着自己的主人在水中受罪，纷纷使出了全身的力气。不到两分钟汽车就从水里被拉了出来，藏族小伙子们也推着汽车从泥水里爬了出来。考察队员和他们紧紧地拥抱在了一起。每个人都想用自己的体温给他们增加些热量。我作为考察队的负责人，当时感动得一句话也说不出来，也不知道用什么方式来表达我们的感激之情。我只能用双手紧紧握住领头的藏族小伙子的双手，用满脸的热泪来表达对他们的感激之情。藏族小伙子告诉我们，他们是放牧转场路过这里才看到我们的。为了我们的安全，他们带领我们来到了黄河源头的麻多乡。在一座昏暗、潮湿、破旧的毡房里，藏族老阿爸摇着经筒热情地欢迎我们这些远方的来客。慈祥的妮玛老阿妈为我们点旺了牛粪火，并端上一碗碗热腾腾的酥油茶。我几碗酥油茶下肚后，冷、饿、渴、累顿时全消。酥油茶是青藏高原上一种特有的饮品，是藏族同胞用特别的原料、特殊的方法煮制的，它既解渴，又解饿，是青藏高原的生命茶。一碗碗热腾腾的酥油茶的背后是一颗颗赤诚的心。

对酥油茶的思念，对妮玛老阿妈和老阿爸的思念，对藏族小伙子们的思念，对三江源的思念，对青藏高原的思念，都是我久久难以忘怀的眷恋。

是谁带来远古的呼唤？
是谁留下千年的祈盼？
难道说还有无言的歌，
还是那久久不能忘怀的眷恋。
是谁日夜遥望着蓝天？
是谁渴望永久的梦幻？
难道说还有赞美的歌，
还是那仿佛不能改变的庄严。
我看见一座座山，
一座座山川，
一座座山川相连，
那就是青藏高原。

每当我们听到这首歌时都会泪流满面。它都会将我们带回到青藏高原巍峨的雪山之巅。每当三江源的冰雪融化之时，都会让我们心潮澎湃。

十年三江铸深情，无怨无悔到永远。

2

初识三江源

高原上的仙境

1990 年 8 月，我们第一次到长江、黄河、澜沧江的源头考察，历时一个多月。三江源秀美的山川、清澈的河水、无垠的草原、淳朴的民风，都使我们的心灵受到极大的震撼。

三江源地区，北有茫茫的昆仑山，南有巍巍的唐古拉山，南北对峙；东有蜿蜒陡峭的巴颜喀拉山，西有缓坡漫岭的可可西里山，东西呼应。在群山环抱之中，三江源地区的地势高高隆起，高出海平面约

花毯铺满三江源 ▼

5000 多米。在这茫茫沼泽密布的草原上长江、黄河、澜沧江各成水系，横卧其间，形成独特且世界罕见的地理奇观。

三江源地处青藏高原腹地，是世界屋脊上的“中华水塔”，是一个取之不尽、用之不竭的“大水库”。

在三江源地区，长江的主要支流有楚玛尔河、布曲、多曲、热曲、沱沱河、当曲、聂恰曲等，黄河的主要支流有热曲、泽曲、切木曲、曲什安河、隆务河等，澜沧江的主要支流有子曲、吉曲等。长江在三江源地区的年均径流量为 177 亿立方米，占其总流量的 25%；黄河在三江源地区的年均径流量为 232 亿立方米，占其总流量的 31%；澜沧江在三江源地区的年均径流量为 107 亿立方米，占其总流量的 18%。

珍稀野生动物——藏野驴 ▼

该地区湿地与湖泊的面积也很大，其中湖泊、湿地面积最大的是黄河干流上的扎陵湖、鄂陵湖。这两个淡水湖面积均在500多平方千米以上，具有强大的调节水量的功能。三江源地区水资源丰富，水质良好，源源不断的河水像甘甜的乳汁奔向下游，养育着中华儿女及东南亚各国的人们。

天然草原是三江源地区植被的主体。在澜沧江源的杂多县，在长江源的治多县，在黄河源的曲麻莱县都有多处上万平方千米的大草原。夏季的草原，百花盛开，鸟语花香，大地就好像盖上了一层厚厚的绿色花毯。雪白的羊群，乌黑的牦牛，奔腾的骏马，在一望无际的绿色原野上，悠闲地追逐着、戏耍着……

▲ 美丽的牧羊少女

湛蓝的天空上飘着几朵白云，朴实的藏族小伙和美丽的藏族姑娘唱着古老的牧歌，那歌声委婉且嘹亮。

> 蓝蓝的天空飘着那白云，
> 白云的下面盖着雪白的羊群。
> 羊群好像是斑斑的白银，
> 撒在草原上多么爱煞人。
> 这是一幅多么美丽的画卷呀，
> 那时的三江源真是世外桃源、人间天堂啊！

一方水土，养一方人。三江源的沃土养育了三江源地区勤劳质朴的藏族同胞。他们世世代代以三江为邻，以大山为居。对山的崇拜、对大江大河的热爱已成为藏族同胞们精神寄托的重要组成部分。

1990 年在曲麻莱县的长江边上，一位藏族干部对我说了一段感人肺腑、震撼心灵的话。水利局干部达瓦对我说："我家是祖祖辈辈生活在这里的贫苦牧民，是共产党把我们从原始的农奴制度里解放出来，是共产党分给了我们牛羊和牧场，是共产党培养我上了中央民族学院，毕业后又让我当了干部。我们广大藏族同胞之所以有今天的幸福生活，是与共产党的英明领导和全国人民的大力支持分不开的，你们汉族有一句话叫'滴水之恩当涌泉相报'，我们拿不出什么更好的东西来报答全国人民，我们只有保护好这里的每一滴河水，让河水代表我们的心，来回报全国人民。"

美丽的三江源，淳朴的藏族同胞，深深地教育了我们，使我们进一步感悟到：对大自然的热爱是人类的本能，对大自然的索取，是人类赖以生存的手段，对大自然的探索，是人类的追求，对大自然的保护，更应该是人类自觉的行动。

神山圣水

青海的玉树、西藏的昌都、云南的迪庆与四川的康定统称为康巴藏区。千百年来康巴藏族在这高寒广袤的高原上繁衍生息，在同自然环境的严酷斗争中形成了豪放、粗犷、爽朗的民族性格，创造了悠久的历史和灿烂的文化，为中华民族乃至人类文明做出了重要贡献。

藏族同胞最崇拜的神山是阿里地区的冈仁波齐峰雪山，最崇拜的圣湖是冈仁波齐峰下的玛旁雍措。同时，各个地区的藏族同胞又有他们本地区所崇拜的神山和圣湖。三江源地区的藏族同胞把阿尼玛卿山尊为神山，把扎陵湖、鄂陵湖尊为圣湖，他们把一生的生老病死、祸福丰歉与神山圣水紧密相连，真正实践了

▼ 阿尼玛卿山

自然造福人类、人类珍爱自然这一伟大真理。

阿尼玛卿峰，又称玛积雪山或玛卿岗日，海拔6282米，是昆仑山系支脉阿尼玛卿山的主峰。“阿尼”藏语意思是先祖老翁，含有美丽、幸福及博大的意思。“玛卿”藏语意思是黄河源头最大的山，也有雄伟壮观之意。当地藏族同胞认为阿尼玛卿峰是“博卡瓦间贡”的21座神圣雪山中的一座，象征9位开天辟地造化神中排行第4位的斯巴侨贝拉格——主宰山河大地威力无比且神通广大的山神。这些美丽的传说给它笼罩了一层层神秘的面纱。

阿尼玛卿峰自然风光绮丽，山势巍峨磅礴，山体由砂岩、石灰岩及花岗岩构成，其上还有51条面积约125.7平方千米的冰川。其中位于东北坡的哈龙冰川长7.7千米，面积23.5平方千米，垂直高差达1800米，是黄河流域最长最大的冰川。这里是奇异的冰川世界，它们千姿百态、晶莹夺目。

▼ 扎陵湖、鄂陵湖畔的丰碑

从玛多县城逆黄河向上30千米，碧波荡漾的鄂陵湖映入眼帘。远处望去，青蓝色的湖水和蔚蓝色的天空浑然一体，水天相连。天空中的朵朵白云，周围的崇山峻岭倒影在湖水中，让人仿佛进入了一个梦幻般的世界。根据湖的颜色和形状，当地藏族同胞称之为鄂陵湖，意为“蓝色的长湖”。湖面南北宽32.3千米，东西长31.6千米，蓄水量107亿立方米，湖水面积618平方千米，平均水深17.6米，最深可达30.7米。从鄂陵湖西南溯源而上，黄河切穿海拔4600多米的巴颜朗玛山，形成长约20千米、宽约300米的黄河峡谷，这里便是鄂陵湖的“妹妹”扎陵湖。扎陵湖，又称“查灵海”，东西长35千米，南北宽21.6千米，湖水面积526平方千米，平均水深8.9米，蓄水量46.7亿立方米，整个湖的形状如和尚的木鱼。黄河从湖的西南隅流入，因携带泥沙入湖，同静静的湖水相比，远远望去恰似在湖面上飘落着一条彩带，当风浪泛起时湖面呈灰白色，故扎陵湖又称“白色的长湖”。扎陵湖湖面海拔4294米，比鄂陵湖湖面海拔高22米，两湖相距20多千米。蜿蜒的黄河像一条长长的金链将两湖泊贯穿在一起。

两湖的对岸是措哇尕什则山的峰顶，海拔4610米，山顶建有黄河源头纪念碑一座。碑身高3米，碑座高2米，上面提写有“黄河源头”四个大字，且均用铜板铸模镶嵌，碑式别致，字体雄浑，象征着中华民族历经沧桑的悠久历史和勤劳朴实的品格。从措哇尕什则山眺望四周，在群山环抱之中，鄂陵湖、扎陵湖尽收眼底，犹如镶嵌在高原上的两颗灿烂明珠。

鄂陵湖、扎陵湖自然风光绮丽，世世代代居住在这里的藏族同胞赋予了它们很多美丽的传说。更重要的是它们还是藏汉民族大团结的历史见证者。当年文成公主下嫁吐蕃赞普松赞干布，松赞干布率领吐蕃文武百官来到扎陵湖水出口处西岸的一个小山包，设帐扎营，亲迎文成公主。在这里，李道宗以皇叔身份为松赞干布和文成公主主持了婚庆大典。当夜的草原灯火通明、歌声飞扬，扎陵湖目睹了藏汉这对古代的连理在黄河源头度过的美好时光。

格萨尔王

我森姜珠牡岭王妃，
是东方白度圣母转世身，
和南瞻部洲雄师王，
曾海誓山盟把佛奉，
要把释迦正教建立起，
要叫黑发众生享太平。

我和雄师大王格萨尔，
好似皎月太阳相匹配，
从天界降生到人间，
不为自己而是为众生。
……

这是在青藏高原传唱了几千年，据称有1500多万字的恢宏史诗——《格萨尔王传》中的一段。一位终身传唱、收集整理、研究出版《格萨尔王传》的藏族专家对我们说："从《格萨尔王传》里，你能读懂三江源，读懂青藏高原的历史"。

史诗告诉我们，生活在雪域高原的藏族同胞，对上天和神灵无限敬仰。他们参神山，拜圣水。他们最初崇拜植物、动物，崇拜自然中的一切。之后从自然崇拜又转向神灵崇拜、偶像崇拜、英雄崇拜，从对物的崇拜逐渐转向了对神的崇拜。

远古时期的藏族先民与动物的关系十分密切，他们喝羊奶、吃牛肉、穿羊皮。他们的生存与动物息息相关，这些传统一直延续至今。于是牛羊的图像出现在了藏族同胞的图腾中，除此之外，还有犬、马、

▲ 格萨尔王的后裔

▲ 现代的王妃

狼、孔雀等动物的图形也都出现在了图腾中。当动物身上的神圣性被剥离后，他们就转向了人自身，为自己建立了新的英雄崇拜，格萨尔王就是在这种世代的崇拜中，涌现出的英雄图腾。

《格萨尔王传》整部史诗围绕着格萨尔王的英雄业绩展开。据传说，格萨尔王本是天上白梵天王的小儿子。吐蕃王朝崩溃之后，西藏陷入持续三四百年的割据混战局面，妖魔横行，老百姓处于水深火热之中。观世音菩萨看到人间妖魔横行，战火不断，老百姓灾难深重，便和白梵天王商议对策。商议的结果是将白梵天王心爱的小儿子派往凡间，令他降伏一切妖魔，让天下重归太平。

下凡后的白梵天王之子成了格萨尔王，做了一个部落的首领。为了使老百姓过上太平日子，格萨尔王平定暴乱，保卫家园。部落强大起来后，他接着又东伐西讨，南征北战，经历了无数残酷而恢宏的战役。整部史诗大多是对这种战争场面的描述。所有征战结束后，人间太平了，格萨尔王的事迹留在了凡间，被人们广为传唱，后来便成为一部英雄的史诗。

史诗的价值还在于它涉及了广泛的内容，留下了那个时代的珍贵史料，让我们从中不难了解当时的政治经济等社会状况。从史诗中可以了解到当时的社会经济以游牧为主，农业次之，一个部落在头领的带领下又游牧，又生产，又战斗。这类似于原始的军事氏族制度。史诗还活脱脱是一幅风俗大观，其中记载了当时大量的宗教场景、婚嫁场景及其他社会风俗和当时人们的衣着服饰习惯，是我们了解当时社会生活内容的极佳途径。史诗本身亦具有很高的文学价值，对藏族文学影响深远，它夹叙夹议，且使用大量生活中的比兴句式，另外还夹杂着大量的民间谚语，读起来通俗直白，朗朗上口。

三江源地区的不少青壮年自称是格萨尔王的后代，据传三江源地区的囊谦是格萨尔王妃珠牡的诞生地。格萨尔王当年和珠牡王妃在这里生活和战斗过很多年。位于囊谦县吉尼赛乡的达那寺是青海仅有的一座叶巴噶举派寺院，有800多年的历史，由于同古代藏族英雄格萨尔王的传说有密切关联，故又称“岭国寺”。寺内建有格萨尔王经堂，塑有格萨尔王及其主要部将的身像，还陈列着格萨尔王与其战将们的武器、盔甲、衣被等物品。寺院西面的龙保山上，群石林立，传说是格萨尔王及其部将的墓葬塔，上面镌刻有各色藏文字，因长时间的风雨磨砺，字迹已难辨识。该寺与印度达那寺齐名，人们认为朝拜了达那寺，犹如亲临印度佛教圣地，加上该寺风光秀丽，历史悠久，在我国藏区又久负盛名，故而朝拜者络绎不绝。此外，还有一些寺院供奉

▲ 天生就是好骑手

着格萨尔王的宝剑、帽子等“遗物”。一些史诗中描述格萨尔王居住过的地方，剑矢所留下的痕迹都是三江源藏族人民日夜朝圣的地方。对神灵的崇拜，对格萨尔王的敬仰，是三江源藏族人民生命的重要组成部分。

三江源的藏族同胞有两项天赋：骑马和唱歌。没有人将他们绑在马背上，但他们就像是生在马背上一样，天生就是好骑手；不少藏族同胞并不识字，却能吟唱《格萨尔王传》。辽阔的高原，寂寥的天空，藏族同胞骑着骏马自由地奔驰，形如飞鹰。他们放声高唱着《格萨尔王传》，胸怀也同英雄一样，开阔得如同蓝天般辽阔。几百年来，在史诗的传唱声中，格萨尔王已经成了一种精神寄托，对他的传唱，如同散不尽的炊烟，从家家的毡房里冉冉升起，在三江源的座座神山上缭绕，在宁静辽阔、几乎可以触摸到天的青藏高原上，与天同息。

文成公主

在三江源地区，广大藏族同胞除崇拜和敬仰格萨尔王之外，还崇拜 1300 多年前不远万里来到玉树草原的女英雄文成公主。

文成公主的足迹踏遍了三江源的山山水水，她先后在三江源地区生活 3 年，向广大的藏族同胞宣传大唐文化，传播先进的农牧业生产方法，建设汉藏风格的寺庙、民居。在三江源地区，文成公主的影响可谓无处不在。

日月山为昆仑山支脉，处于青藏高原和黄土高原的分界线上。当年文成公主西嫁吐蕃，途经日月山，她立马山脊，徘徊许久。回看东方，烟袅袅，柳依依，心中恋恋难舍。举目西望，山荒荒，野茫茫，心生悲凉，文成公主想到自己一生将永远生活在西部的荒野中，不免落下了伤心的泪水。泪水汇入倒淌河向西流去，她触景生情，吟了两句诗：天下河水皆东去，唯有此水向西流。文成公主摔了宝镜，断了恋情，这才下了决心，随水西去……从此，人们便把倒淌河与文成公主挥洒的泪联系起来，编出许多美丽的故事。

日月山也因文成公主摔碎的宝镜而得名。此镜一面是日镜，一

日月山与文成公主同辉 ▶

面是月镜，为唐太宗所赐。据说镜中储尽家乡的景致，可让文成公主在思念家乡时照一照，以解离愁。她在山脊上照此镜时，离愁不但没解反而加深了对家乡的思念，无奈之下才摔了宝镜。摔在东边的一面是日镜，摔在西边的一面是月镜。摔碎的镜片被风沙埋了起来，才有了日月二山。日行于昼，月行于夜，日夜相辅而相成，自古难分难舍。这个传说也是藏汉民族自古至今大团结的真实写照。

> 太阳和月亮是一个妈妈的女儿，
> 他们的妈妈叫光明。
> 藏族和汉族是一个妈妈的女儿，
> 他们的妈妈叫中国。

藏族诗人阿金的这首诗，歌颂了藏汉民族骨肉同胞的儿女深情。同时，也颂扬了文成公主、金成公主及无数藏族与汉族的兄弟姐妹为加强藏汉之间的团结所做出的丰功伟绩。

三江源地区至今保留着一座名垂千古的寺庙——文成公主庙。

传说当年文成公主西行到玉树结古镇巴唐曲时，被当地美丽如画的自然景色迷住了——东有滔滔通天河，西邻滚滚巴唐曲，南北两侧峭壁高悬，山谷间温泉奔流，雾气弥漫，青松古柏，黄花绿草，交相辉映。文成公主留恋不舍，不愿离开，竟在这里住了下来。

▲ 文成公主庙

在此期间，文成公主萌生了在这里凿刻大日如来佛佛像的想法，而后亲自选定了佛像的尺寸、格局和图案，并令随从工匠在坐北朝南的峭壁上凿刻了 9 尊浮雕佛像，又亲笔题字摩柯・毗卢遮那（梵语，藏名为昂巴昂泽，汉名为大日如来）。高 7.3 米的主佛大日如来栩栩如生，神态端庄稳重，娴静慈祥，两手腹前交叉，双腿盘坐在刻有双狮拱抬的莲花宝座上。佛像顶端刻有六字真言，头顶后部则是象征光明普照、佛慧无量的五彩光环。佛像雕工精致细腻，独具匠心，充分体现了我国唐代工匠的高超技艺，是藏汉文化互相交融的结晶，也是唐蕃古道上不可多得的艺术珍品。

公元 710 年，唐中宗景龙四年，唐蕃第二次联姻，金城公主嫁给了吐蕃赞普赤德祖赞。金城公主途经此地时，看到文成公主精心雕刻的佛像受到风雨剥蚀，十分难过。于是她令从大唐带来的侍从、工匠和当地匠人一起修盖庙宇，并对佛像进行修缮，并赐名为“文成公主庙”。大殿内三间经堂，高敞幽深，堂前两根一尺见方的木柱直撑庙顶。另有两根木柱撑着正面主佛像下的莲花宝座，剩余的几根主柱均镶嵌在庙墙之内。这些建筑既有藏传佛教寺院的神韵，又有唐朝宫廷

▲ 勒巴沟岩画

的风格，实为古代藏汉建筑艺术之精华。

多少年来，藏族人民为敬仰这两位公主的无量公德，怀念她们在三江源地区传播农耕、编织等技艺的情谊，每年都从各地徒步至此，顶礼膜拜。就连西藏、四川、甘肃等地的藏族群众也不远万里，到此朝拜，使这座镶嵌于山峦峭壁间的古老庙宇，香火不断，昼夜灯火通明。

在通天河边、昆仑山口、玉树草原、扎陵湖畔、鄂陵湖沿，你随处都能见到文成公主的遗迹，到处都能听到有关文成公主的美丽传说，文成公主与三江源日月同辉。

十年来，我们进进出出日月山，多次站在文成公主庙前。在风雪中，我们抚摸着古老的日月亭，在骄阳下，我们凝望着大日如来佛，心潮澎湃，感慨万千。1300多年前，一个十几岁的弱女子，抛下盛唐皇宫中奢华的生活，不远万里来到环境恶劣、贫困落后的异邦他乡，将唐朝的文明与科技、和平与友谊带入高原民族的生活之中，这在当时是需要多么大的勇气和决心啊！今天，我们飞越万水千山后也踏上了这片圣土，为了认识三江源，研究三江源，保护三江源而贡献着我们的青春年华。虽然时代不同，但保护青藏高原，关爱藏族同胞的心愿是相同的。

▶▷ 爬行在朝圣路上

在三江源，在青藏高原这片热土上，藏族同胞日复一日，年复一年，沿袭着他们民族特有的对神灵、对自然的虔诚朝拜——五体投地，跋山涉水，一步一屈，行走在千山万水之间。在无垠的草原上，在茫茫的荒野中，在风雪交加的雪域高原上随处可见虔诚的朝圣者。他们双手高高举过头顶，从顶至额，再至胸，拱揖三次，然后双手双脚平伸，全身俯卧在地上，前额重重地亲吻大地，口中反复吟唱六字真言。他们三步一拜，五步一磕，重复一遍又一遍。爬行几千里，爬上几年，去朝拜心中至高无上的神灵居住的佛寺，神灵铸就的神山圣湖。有的人苦苦修行终成正果；有的人伴着神的召唤，在中途就进入了天堂。

我曾经向一位寺院的活佛请教，为什么一年又一年、一代又一代，这种顶礼膜拜的朝拜方式能延续至今。他认为：虔诚在藏族同胞的性格中无处不在，对神灵的崇拜，对自然的崇拜已经深深地融化在藏族同胞的血液中。他们把生存的力量寄托给了格萨尔王，把生命的灵魂奉给了自然之神，英雄永远活在他们的血脉中。

在杂多县城我们遇到了两个朝圣的僧人。

我问他们："你们是从哪里来的，到哪里去？"

他们说："我们从扎青乡的寺庙中来，到西藏的大昭寺去。"

我说："我们也刚从扎青乡回来，我们是在扎青乡的尕那松多考察的。"

他们听了之后非常高兴地说："尕那松多离我们寺院很近，愿佛永远保佑你们。"

我说："你们走了几天了？"

他们说："快两个月了。"

我说："你们这样拜到西藏大昭寺要多少天，不觉得苦和累吗？"

▲ 朝圣的僧人

▲ 一步一屈五体投地

▲ 互帮互助金石为开

他们说："大概一年多，在神灵面前没有苦和累，神灵一直在帮助我们。"

我说："路上如果你们病了，到不了大昭寺怎么办？"

他们说："神灵保佑，我们不会有病，如果到不了，说明心不诚，前生罪孽深重，今生只能苦心修炼。"

我说："我们曾经看到一些朝圣的人带着很多吃的和用的，还有人陪同。而你们俩人什么都不带，路上你们吃什么，住在哪儿？"

他们说："你们看到带很多东西的一般都不是我们出家人。我们僧人四海为家，藏区的寺院和老乡的毡房都是我们住的地方，天气好时，我们就睡在草地上。吃的东西路上的行人会施舍给我们，有时也给我们一些钱。"

我说："你们忍受着这样大的苦和累，为了什么啊？"

他们说："为了来生过得更好啊！"

为了来生过得更好。多么朴素的语言，多么诚挚的祈盼。

嗡嘛呢叭咪吽……
我站在遥远的天际，
找寻心中的梦想，
心中的泪水，泪水。
但愿是那孤独的幸福，
心灵的呼唤，心灵声声的呼唤，
但愿是留给，留给人间的真情。
……

远处的山谷中回荡着这首藏族古老苍凉的《祈祷》歌，愿歌声永远伴随着善良的人们去追求，去奋斗；愿幸福与真情永远赐给虔诚善良的人们。

终生篆刻玛尼石

在通天河畔，在当年文成公主路过玉树勒巴沟留下的千米岩画旁，我们认识了一位白发苍苍叫旺多的藏族老阿爸。他从童年到暮年，一生都以篆刻玛尼石为生。

旺多老人一生篆刻的玛尼石只有两种，一种刻有藏传佛教的六字真言，他把刻好的这种玛尼石放在了结古镇上的新寨玛尼石城。另一种刻有文成公主进藏时留下的大日如来佛像，他把这种玛尼石全部放在了勒巴沟的岩画旁。

在老人的带领下我们参观了新寨的玛尼石城。这是一座由无数玛尼石垒成的比几个足球场还大的石头城，五颜六色的石头，垒得高高的，上面的经幡迎风飘舞，洋溢着浓浓的宗教气息。石头城长 280 多米，宽约 78 米，据说这里的玛尼石有 25 亿块之多。我们跟随老人沿着高两米多的玛尼石墙逶迤前进，石头城墙只留几处门巷容人进出。其实这里更像是一座石头城堡，墙上、门巷上挂满了印着佛像经文的彩布，地上时

▲ 终生篆刻玛尼石的藏族老阿爸

▼ 新寨玛尼石城

常可见藏族同胞供奉的香火，石块垒得非常整齐，经文、佛像一律朝向人行道，行人如同参观文物展览一样，可以尽情地欣赏上面的文字和色彩。“城中”的红色神塔高耸百丈，神圣、庄严、蔚为壮观，我们仿佛走进了一座独特的雕刻艺术的殿堂。用五花八门的字体雕刻出来的玛尼石，出自千千万万不同信徒之手。在一座玛尼石垒起的小山旁，旺多老人指着一堆玛尼石说：“这就是我刻的玛尼石。”望着这一堆玛尼石，我们心中涌起的只有钦佩和赞叹。老人告诉我们，他刻的只是很小的一部分，这里的 25 亿多块玛尼石，累积成如此规模的石城，用了 200 多年的时间，至于添石垒城的人数，只有无所不知的佛陀才知道。

旺多老人告诉我们，每天清晨或黄昏一些男女老幼都会三三两两地围绕着玛尼石堆，左手摇动转经轮，口念六字真言，右手拇指和中指捻着菩提子念珠，边摇、边走、边捻、边念。不管刮风下雨，为了祈祷人间的幸福与真情，他们一圈一圈转下去，一天又一天、一年又一年、一代又一代……

旺多老人又领我们来到了勒巴沟岩画前。岩画位于玉树州的通天河畔，来到这里，通天河的喧嚣、壮阔和勒巴沟岩画的静谧、神圣会使你同时产生两种截然不同的体验。勒巴沟岩画面江而凿，处于勒巴沟沟口。勒巴沟内葱郁的草木，更为无数岩画和遍布沟内的大大小小的玛尼石增添了神秘气息。从沟口大日如来佛像到现在雕刻的玛尼石，你仿佛可以看到整个藏族宗教石刻的历史。

勒巴沟岩画共有 3 个地点，分别编号为 1、2、3。1 号岩画镌有佛、菩萨、香客、瑞兽等图案，技法为阴线轮廓打击。佛为立像，低肉髻，身着通肩圆领大衣，右袒，衣服贴身。菩萨均结跏趺坐。供养人的大小比佛小 2/3。这幅岩画带有浓郁的晚唐汉族佛教造像的风格。如 3 号香客，发式为唐代侍女流行的双髻抱面的抛家髻。衣服为唐开元、天宝年间流行的小翻领、对襟胡服。这幅岩画的发现，对汉、藏历史上文化交流和唐蕃古道等方面的研究弥足珍贵。

旺多老人指着近千米的岩画深情地告诉我们，这些岩画都是当年文成公主带来的工匠亲自雕刻上去的，后来他们的技术也传授给了我们藏族工匠。我的先祖就是跟文成公主的工匠学的刻法，后来他们也参与了岩画的雕刻。我为了感谢文成公主对藏族人民的恩德，也为了传授先人的技法，就在这里刻了一辈子的玛尼石。这沟里的玛尼石佛像，就有一些是我刻的。

看着雕刻精美的玛尼石佛像，看着站在眼前质朴、沧桑的旺多老人，我浮想联翩。我想，文成公主在天之灵也会为之感动，也一定会把幸福和真情撒向这里的人们。

长江边上的玛尼石堆 ▶

草原科技活佛

▲ 佛像

藏传佛教为流行在我国西藏、青海、内蒙古等地区的佛教。它是公元7世纪佛教从印度传入西藏之后，结合当地固有的宗教成分和人文地理环境逐渐形成的，后又经藏族地区传播到蒙古、不丹等地。

随着藏传佛教在藏区的兴起、传播和发展，广大藏族群众开始信仰佛教，并形成许多与家庭生活密切联系的习俗。藏族群众的宗教信仰行为和活动很多，常见的有煨桑、挂经幡、堆“玛尼”、念经文、转经筒、朝佛等。

煨桑是将松柏叶等香草堆砌在山头或河岸的空地上，中间放上糌粑或五谷，然后洒上几滴水点燃以祭神。藏区群众的屋顶、帐篷、寺庙、神山、圣水等供神的地方都设有煨桑炉。他们认为熏燃的香烟袅袅上升天际时，就可以与神直接沟通诸如祈祷五谷丰登、旅途平安、去病延年等信息。

转经活动一般分早晚两次进行，主要是转绕寺庙、神殿和佛塔，也有不少地方的群众习惯转神山圣水。每当清晨或傍晚，一群群男女老少会沿着相同的路线，手摇经筒，口诵六字真言，神态庄严，疾步前行，坚持进行这一神圣的佛事活动。

三江源地区藏传佛寺比较成规模的约有340座，占青海省藏传佛教寺院的54%，若加上“日朝”（静房）、“号康”（修行处）、“拉康”（佛堂）、“贡扎”（修行院）等，数量更是惊人。人口不足6万的囊谦县，寺院就有 70 多座，该县出家为僧的藏族人占藏族总人口的 10%~20%，藏传佛教对整个藏区的政治、经济、文化影响非常大。三江源地区佛寺之多，信众之广泛，僧侣之众，对佛教信仰之虔诚，是世界上任何地区、任何民族中都不多见的。

通天河畔的崇山峻岭中坐落着一座远近闻名的寺院——赛巴寺。赛巴寺里居住着一位当地久负盛名的科技活佛——才青次仁。

初次见到这位科技活佛是在玉树州藏族州长杨学武的家里。杨州长向我们介绍了正在他家做客的州政协的领导才青次仁，也就是赛巴寺的活佛。活佛 40 多岁的样子，身材魁伟，皮肤黑里透红，脸庞方方正正，耳郭宽宽大大的，眼神中流露着仁爱和慈祥。

杨州长还告诉我们次仁活佛不但是宗教活佛，还是玉树草原远近闻名的科技活佛。当时，我们听了这句话后真是一头雾水，觉得活佛怎么会与科技有交集？次仁活佛爽朗地笑着说：“我这个人一相信佛，二相信科技，而且我还非常尊重像你们这样的科技人员。如果你们有

▲ 科技活佛才青次仁

时间，明天可以到我们赛巴寺看一下，看我是如何尊重科技，推广科技的。”我们怀着极大的兴趣愉快地接受了他的邀请。

第二天，我们沿着蜿蜒崎岖的山路来到了一座造型别致的寺院，次仁活佛领着众僧人热烈欢迎我们的到来，活佛没有让我们进经堂，而是先领我们进了一间非常大的陈列室。放眼望去，我们一下都惊呆了。这里居然陈列着三江源地区近乎绝迹的雪豹的标本和已经为数不多的黑熊、野牦牛、野藏獒等动物的标本。还陈列着从石器时代的工具到不同朝代的钱币，从唐代的法器到民间传说中名人的遗物，还有各种岩石的标本，藏族同胞聚集地区的传统服饰等，五花八门，琳琅满目，应有尽有。顿时，我们对次仁活佛的敬佩之情油然而生。

活佛告诉我们这里的东西有些是寺院一代一代传下来的，但大部分是他和他领导的僧人们经过多年努力收集来的。

活佛又领我们来到了僧舍，只见僧人们有些在聚精会神地看电视，有些在听收音机，还有些在学英语。活佛告诉我们现在不是讲经的时间，他们都在做着自己喜欢的事情。他鼓励僧人们学文化，学农业技术，学外语，他自己也在自学英语。他还领我们看了一片寺院的农田，他告诉我们这是给附近的乡亲们培育的良种。秋天收获时，他们会将这些良种无偿地提供给当地的乡亲们。他们还定期派僧人去指导当地的乡亲们科学种田、科学放牧，同时还号召乡亲们增强环保意识，保护草原，保护野生动植物。

参观后，我们深情地对次仁活佛说：“您真不愧是一个科技活佛。这里不仅是寺院，而且还是宗教与自然、宗教与科技和谐统一的博物馆。”

最后，活佛领我们来到经堂，从身边取出一条洁白的哈达，口中念念有词，并打了一个结，冲着这个结吹了一口气，然后把它挂到了我的胸前说：“保护自然是大家共同的责任，你们从遥远的北京来到我们三江源，帮助我们建立自然保护区，佛祖会保佑你们，你们的考察工作一定会取得成功。”活佛主动为我们摸了顶，并答应我们

▲ 寺院中的陈列室

第二天天亮时，在这个经堂里为即将远行的我们点上表示吉祥的平安灯。

虽然我是一个无神论者，但正如一个考察队员所说，这盏平安灯，不仅亮在经堂，而且亮在我们的心里。虽然它不能给我们指路，但会给我们的内心带来温暖。

与黑颈鹤风雨同舟

在三江源地区的治多县，有一块海拔4200多米、群山环抱的高原湿地，那里是国家级的隆宝滩黑颈鹤自然保护区。

保护区东西长近百千米，南北宽约6千米，碧绿的草原上镶嵌着无数大大小小的水洼，形成了独特的高原沼泽。保护区中间有一个面积很大的高原湖，在平静美丽的湖面上，成群的野鸭、斑头雁、黑颈鹤自由地飞翔着。在夕阳余晖的掩映下，这些鸟就像金色世界中的仙女飘飘洒洒来到人间。

隆宝滩自然保护区于1991年成立，是我国为数不多的几个黑颈鹤自然保护区中的一个。黑颈鹤主要生活在我国西藏、青海、甘肃和四川北部一带，冬季会去印度东北部越冬，是世界上唯一在高原生长繁殖的鹤类。黑颈鹤头部、前颈呈黑色，尾羽为黑褐色，头顶呈暗红色，其他部位的羽毛为白色。它生活在海拔2500~5000米的高原上，以植物叶、根、茎，水藻及玉米为食。保护区建立后黑颈鹤的种群恢复得很快，每年飞来隆宝滩的母鹤也越来越多，它们在此产蛋并孵化

美丽的黑颈鹤

小鹤。小鹤长大后就会跟着它们的父母飞到印度东北部越冬。

在保护区，我们认识了一位守鹤人，也是这个保护区唯一的监护人——文德。

保护区成立后，在治多县城当民办教师的藏族小伙子文德和另外几个人来到了这片沼泽草原，当起了黑颈鹤的保护神。几年后，同来的伙伴在恶劣的环境里、艰苦的条件前都先后离他而去。只有他一个人日复一日、年复一年孤独地守在黑颈鹤旁。

一个风雨交加的傍晚，我们来到隆宝滩。在保护区中间的路旁，坐落着几间区别于周围藏族老乡院落的平房，这就是闻名中外的国家级黑颈鹤自然保护站的所在地。我们的考察车停在房门口时，从房子里走出一个皮肤黝黑、身材魁梧的汉子，他就是文德。

文德热情地把我们请到屋里，原来他正准备做饭，见我们来了就往火炉里多加了一些牛粪。到过高原，烧过牛粪的人都知道，这是藏区唯一的，也是最好的能源。藏族同胞一边放牧，一边在草原上捡拾牛粪，其烧起来无毒无味，火苗还很旺。这种能源既经济，又环保。

我们把带来的方便面和罐头拿了出来，文德也找来了一棵白菜和两个大萝卜。在寒冷的雨夜里，在温暖的粪火旁，我们和文德一起美美地吃了一餐乱炖——萝卜白菜方便面一锅烩。我的一生中，吃过几次让我终生难忘的饭——每次都是在最寒冷、最饥饿时吃的最简单的“乱炖”。每当在城市中吃鸡、鸭、鱼、肉时，就总会想起在雅鲁藏布大峡谷中，在陡峭的横断山里，在潮湿的隆宝滩粪火旁吃的“乱炖”。总觉得城市的美食，怎么就比不上我们在野外吃的那些“乱炖”香呢！这可能就是人们常说的情吧。

▼ 黑颈鹤的守护人

吃饱了，身上暖和了，在高原的细雨中，在简易的小屋里，在熊熊的粪火旁，我们听

着文德讲述黑颈鹤的故事，他讲得如痴如醉，我们听得终生难忘。

文德出生在美丽的隆宝滩，是听着前辈们讲述黑颈鹤的故事长大的。传说黑颈鹤原本是格萨尔王的一个美丽的妃子，死后因眷恋与格萨尔王的情谊变成了黑颈鹤，到处寻找格萨尔王。黑颈鹤以隆宝滩为家繁衍后代，世代追寻格萨尔王。隆宝滩的先民都自称是格萨尔王的后代。他们对黑颈鹤充满了尊敬与爱戴，世世代代保护隆宝滩的黑颈鹤也就成了他们神圣的自觉行动。

多年来，文德在海拔 4200 米的高原上经受着风雨雪暴，承受着一般人难以想象的寂寞，日夜以黑颈鹤为伴。特别是每年的五六月份黑颈鹤孵小鹤的季节，文德天天夜里都会去湖心巡视，随时打击那些企图要吃小鹤的野狗、野狼等动物。文德说这两个月是最关键的，小鹤还不会飞，很容易让其他动物吃掉，只有日夜在这里守护，保护好小鹤，等它们在鹤妈妈的带领下能学会飞了，他才能回到保护站的房子里住。文德说他最大的愿望是能有一条雨裤，这样在湖中和沼泽地里巡视时，就不用怕水了。由于不穿雨裤长时间进出沼泽，他的腿已经落下了毛病。天一凉，他的腿就疼，有时为了减轻痛苦他只能自己用手猛掐大腿。

辛勤的劳动换来了丰硕的果实。隆宝滩保护区的黑颈鹤由 1991 年时的 44 只，到我们考察时的 1997 年已经增加至 113 只。文德说他最大的乐趣就是看着小鹤一天天长大，鹤群一天天壮大。他说黑颈鹤现在就是他的生命，他一天也不能离开它们。

文德说他以后有了钱，一定要买一台照相机和一条雨裤，照相机用来给黑颈鹤拍照，给保护区留下资料。雨裤用来保护自己的腿，不然他的腿就废了，就没有办法再保护黑颈鹤了。

照相机、雨裤多么简单的要求，多么朴实的愿望，对于 21 世纪生活在城市里的人来说，这又能算什么？可对文德来说，却是那么遥远。

熊熊的粪火还在燃烧，淅淅沥沥的细雨还在下，每一个人心中都有一个五彩斑斓的梦，它是人们为之奋斗的动力。黑颈鹤飘逸的身影和嘹亮的叫声就是文德最美好的梦。

藏羚羊在呼救

数万年来，藏羚羊作为青藏高原特有的物种，一直栖息在青藏高原腹地的可可西里无人区中。它们体形优美，性格刚强，动作敏捷，而且耐高寒、抗缺氧，能在极度贫瘠恶劣的自然环境中生息繁衍。严酷的生存环境使它们练就了一身“好功夫”。

藏羚羊喜欢生活在海拔 4 千米以上的高原荒漠、冰缘冻土带及湖泊沼泽周围。这些地方植被稀疏，只能生长针茅草和地衣类的植物。藏羚羊就是以这些“粗茶淡饭”维持生命的。可可西里湖泊众多，但绝大多数是咸水湖。藏羚羊喝点咸水也能勉强存活。每到冬季，高原气温降到零下 45 度，茫茫草原银装素裹，其他动物都躲到环境较好

▼ 三江源——藏羚羊的乐园

的地方去过冬，而藏羚羊对高原的寒冷气候却十分“蔑视”，它们早已换好冬季的盛装，冒着冬日的严寒顽强地忙碌着。高原的夏天也不好过，天气说变就变，刚才还是风和日丽，转眼就会电闪雷鸣、狂风暴雨。更可怕的是荒原上的滚地雷，就像炸开了的一颗颗定时炸弹，时刻威胁着野生动物的生存。藏羚羊寒来暑往，不惧艰难险阻，一直快乐地活跃在这块生它养它的土地上。

藏羚羊浑身是宝。它的犄角是名贵中药材。用它的羊绒制成的披肩是国际市场上最抢手的奢侈品，其可以穿过戒指，因而又称为“指环披肩”。一条指环披肩的国际市场价格为 3 万美元左右。在欧洲、印度、巴基斯坦等国家和地区，拥有一条指环披肩是贵妇人、阔小姐身份的象征。

关押在治多县看守所的盗猎者 ▲

有买卖就有杀戮，国际市场的需求，使国内的不法之徒有了发财之机，他们同国际走私犯相互勾结，无视法律、铤而走险，一次次在三江源地区大量捕杀藏羚羊。20 世纪 90 年代以后，三江源地区这一昔日藏羚羊的乐园，变成了血淋淋的屠宰场。藏羚羊之所以能够战胜世界上最恶劣的自然环境，与它们群体中团结协作、互相帮助的基因有很大关系。当群体中出现伤员时，队伍就会减慢前进速度来照顾伤员，以防它被野兽吃掉，但这种习性往往会被盗猎分子所利用。夜晚盗猎者开着汽车，朝即将临产的雌性藏羚羊横冲直撞，同时疯狂地开枪扫射，群体中出现伤者后，整个羊群宁可同归于尽，也不愿独自逃生。在盗猎现场，往往是数百只藏羚羊全部被猎杀，血流成河、尸横遍野、惨不忍睹。我们在治多县的看守所里就看到几名不法之徒，他们在春节短短的两天时间里就猎杀了 200 多只藏羚羊，甚至连刚出生几个月的小藏羚羊也不放过。

在恶劣的自然环境面前，藏羚羊是胜利者。在豺狼虎豹面前它们是无畏的勇者。它们从不屈服于来自自然界的任何挑战。但这样一支顽强的生力军，却大批大批惨死在不法分子的屠刀之下。20 世纪八九十年代，藏羚羊的总数从近百万只骤减到不足 5 万只，一度进入濒危动物的行列。打击走私盗猎，保护藏羚羊已到了刻不容缓的时刻。随后几年，国家和各省、自治区在藏羚羊主要分布区先后建立了自然保护区，并成立了执法队伍，这些举措使藏羚羊的生存环境得到了有效保护。国家林业局先后多次组织新疆、青海、西藏 3 省区全面合作，联合开展打击盗猎藏羚羊的行动，进一步使盗猎藏羚羊的违法行为得到有效遏制。此后，藏羚羊种群的数量才逐渐得以恢复。据初步统计，截至 2016 年，青藏高原上藏羚羊的种群数量已经恢复到 30 万只以上。2016 年 9 月，世界自然保护联盟（IUCN）将藏羚羊从“濒危”降为“近危”，连续降低两个级别。[1]

▲ 中央电视台现场采访打击盗猎者的民警

[1] 刘务林，林根火，邓隽，吴秀山 .30 万只藏羚羊徜徉在青藏高原 [J]. 森林与人类，2016（11）：132-141.

环保卫士——索南达杰

▲ 三江源的守护者：索南达杰

近几年，在打击走私盗猎，保护藏羚羊方面，国家出台了一系列政策措施。在保护藏羚羊的队伍中也涌现出了一位杰出的代表，他就是原三江源地区治多县委副书记索南达杰。

20 世纪 90 年代初期，索南达杰同志在担任治多县委副书记时，经常骑马下乡。他在访贫问苦中，多次听说藏羚羊被盗猎者大量捕杀，羊绒被走私到国外的消息。回到县里，他向县委报告了藏羚羊被盗猎的情况。经过县委县政府批准后，他来到了可可西里，开始担任治多县西部工委书记并组建了第一支专业打击盗猎分子，保护藏羚羊的野牦牛队。1994 年 1 月在一次巡山打击盗猎者的行动中，索南达杰只身一人同 10 多名盗猎分子激战，不幸中弹牺牲。

1994 年 1 月 18 日是索南达杰第 12 次进入可可西里的第 11 天。他带领队员将 20 名盗猎者制服，收缴了两大卡车的藏羚羊皮，同时还查明了 3 起非法盗猎沙狐案和两个非法淘金的窝点。连续几天的作战，所有队员都疲惫不堪，索南达杰的肠胃炎发作了，但他仍然与队员们连续数天彻夜未眠地押运着盗猎者。途中有两名盗猎分子患了肺水肿，在高原上患肺水肿常常是致命的，所以为了犯罪分子的生命安全，索南达杰不顾自己的上吐下泻，让秘书扎多和司机才扎西连夜把这两名盗猎者送往格尔木治疗。为了防止发生意外，临行前他用自己那把上膛很快又轻巧的 79 式手枪换下了扎多不好用的旧 54 式手枪。不久后，索南达杰所乘的卡车因爆胎落在了车队的后面。1 月 18 日黄昏，盗猎分子见索南达杰不在，押解他们的只有两名队员，就密谋暴

▲ 英雄纪念碑

乱。他们先将前方车队里负责押运盗猎者的靳炎祖和韩伟林制伏，并绑在了吉普车的前后座上。然后，他们准备好枪支弹药等着拦截索南达杰乘坐的卡车，意图抢回他们盗猎的藏羚羊皮。天色渐暗，索南达杰乘坐的卡车进入了盗猎者的陷阱。索南达杰下车后，盗猎分子韩忠明（已于 1995 年被判死刑）、马忠孝、韩阿果 3 人上前欲将他制伏。察觉出情况不对的索南达杰迅速拿出手枪，准备向盗猎分子开枪，但此时盗猎分子的子弹已射向了索南达杰，索南达杰倒在了血泊中。藏族人民优秀的儿子、人民的好干部索南达杰，就这样光荣牺牲在了可可西里这片土地上，牺牲在了保护藏羚羊的第一线。

索南达杰倒下了，上百位有识之士加入了保护藏羚羊和三江源地区生态环境的大军。

青海省委省政府为纪念英雄索南达杰，以他的名字在可可西里建立了第一个保护站，随后又建立了五道梁、不动泉、沱沱河以及可可西里腹地的卓乃湖等保护站。队员们没有被死亡吓倒，他们继承了索南达杰的遗志，前仆后继地奋战在保护藏羚羊和生态环境的第一线，索南达杰的儿子和兄弟也先后参加了保护站的工作。

在盗猎现象猖狂的时期，巡山队员们既要面对死亡的危险，还要面对艰苦的生活环境。索南达杰保护站的队员大部分来自治多县，县财政拨款是他们唯一的经费来源，可治多县是有名的贫困县，经常几个月都发不了工资，保护站的工作和生活在当时遇到的困难是难以想象的，但他们硬是坚持了下来。在一代一代保护站队员的不懈努力下，到 2000 年可可西里藏羚羊种群数量恢复到了 8 万只左右，其他野生动物的种群也迅速得到了恢复。现在盗猎走私现象已不多见，但保护站队员们仍然践行着索南达杰保护可可西里野生动物及生态环境的遗愿，继续守护着这片“人间净土”。如今，随着国家政策和财政资金的支持，队员们已经从最初的帆布帐篷搬到了基础设施较为完善的宿舍当中，生活条件也得到了极大的改善。在第 41 届世界遗产大会上，可可西里获准被列入《世界遗产名录》。三江源自然保护区科学考察队长江分队，在条件最为恶劣的卓乃湖保护站附近考察时，见到了站长秋培扎西。他动情地对我们说：“我父亲扎巴多杰以及舅舅索南达杰都是因保护藏羚羊和生态环境而牺牲在这里的，如今这里就是我的家，可可西里的申遗成功，对我是巨大的鼓励，也是激励我前行的动力。现在大家都认识到了保护生态环境的重要性，既然生态环境能创造价值，我就必须要把可可西里的生态环境保护好，把这个价值延续下去。”质朴的语言、难能可贵的行动，深深地感染了我们每个队员。我们深信有这样一批热爱三江源，热爱野生动物的环保志愿者在，一个碧水蓝天，人与自然和谐相处的“三江源自然保护区”将永远屹立在青藏高原的大地上。

▲ 索南达杰自然保护站

3

长江漂流记

漂流考察长江源

1990年春季，日本东京农业大学的中西纯一先生在北京中国农业大学进修。一天，他来到中国科学院自然资源综合考察委员会国际科考部（当时我担任科考部主任一职），向我提出了中日联合于长江源头进行漂流的想法。他这一想法与我多年的思考不谋而合，让我惊喜万分。之前我们在西藏、在横断山地区考察了很多年，但长江源地区我们一直没有考察过。这一带的很多地方还是科学上的空白，特别是关于长江源头的水资源情况，资料和数据都很少；这次中日联合考察取得的成果，必将填补这一空白。同时，我们也意识到长江漂流探险危险极大，高寒缺氧、环境险恶、水流湍急、野兽出没，随时都会给人造成生命

▼ 长江源湿地

危险。前些年，不管是中国人还是外国人，都有因探险而牺牲的先例。但为了探索长江源头的奥秘，为了在科学上有新的发现，我们愿意放手一搏。为此，我们双方商定了这次活动为漂流探险考察，日方以漂流为主，中方以科学考察为主，漂流探险考察在长江源头的通天河段进行。中方由中国科学院自然资源综合考察委员会的陶宝祥、陆京选、李争鸣三人参加；日方由日本东京农业大学的中西纯一、小林寿彦、山田高司、田中进等 10 人参加。

探险队于 1990 年 8 月 1 日从青海省的西宁市出发，经格尔木、青海湖、茶卡、都兰，并在玉柱峰下的西大滩进行了高原适应训练，然后过海拔 5000 多米的昆仑山口到长江第一桥——沱沱河大桥。在沱沱河大桥下的通天河段，全体队员分两路进行考察；漂流队员在水上漂流考察，并在各地点取水样；另一路队员坐汽车及徒步在沿岸各地考察，同时承担给漂流队员补

▼ 长江上游的沱沱河

充给养的任务。8 月 9 日，漂流队从沱沱河沿下水，8 月 27 日到玉树州直门达大桥下的金沙江边收船，共在水上漂流了 19 天，行程 600 多千米。陆地考察队员从沱沱河大桥原路返回西宁后，经日月山，走共和，到温泉，再到黄河第一县玛多，然后去黄河源头的扎陵湖、鄂陵湖，再去称多、杂多、曲麻莱，最后在玉树直门达大桥下与漂流队会合，行程 2000 多千米。9 月 1 日，整个漂流探险考察胜利结束。

这次漂流探险考察，中日双方都取得了重大的科学成果。我们首次在长江源头地区的 19 个地点提取了水样，并在中科院的分析室进行了分析化验。首次对长江源头地区水源的水质、矿化度、硬度等多项指标进行了分析。第二年，我们的考察报告在日本出版。

这次漂流探险考察，使中日双方进一步加深了友谊，在生死的考验中加深了理解，促进了以后的合作。在以后的岁月中，我们又联合进行了青海的澜沧江、广西的左江、福建的独龙江等漂流探险考察。这些活动使年轻的日本队员对中国的了解更加深入，对中国的感情也更深厚，有的人甚至在中国结下了百年之好。日本青年田中进先生，回国后始终眷恋中国、眷恋长江，第二年他辞去了在日本国内很好的工作，放弃了优越的生活条件，自费来中国留学。留学期间他再次去了通天河下游的金沙江，在长江第一峡——虎跳峡认识了一个美丽的白族姑娘，经过一段时间的接触，彼此产生了真挚的爱情。他毕业时向我提出了一个要求：希望我在北京饭店主持他的跨国婚礼，并希望中国的全体漂流队员参加。他的友谊与信任、诚挚与坦荡，让我们十分感动。中日漂流队员在北京饭店为田中进先生和杨春丽小姐举行了一场日中结合的婚礼。田中进的父亲从日本赶到北京参加婚礼。老人在日本有自己的公司，生活极为富足，且只有田中进这一个儿子，但他支持田中进的选择。在婚礼上，他高兴地拉着我们的手，用刚刚学会的汉语说："我爱中国。"

这次漂流考察对于我们来说不只是终生难忘，更是人生的一大转折。它从此让我们认识了三江源，了解了三江源，深深地爱上了三江源。为了这份爱，我们苦苦奋斗了 10 年。

▶▷ 亲历与狼共舞

这个标题既时髦又骇人听闻，很多人会嗤之以鼻。但是，我希望你能耐心地听听我们20多年前的往事。

狼，这个词我第一次接触是在书本上，第一次见到是在动物园的笼子里，第一次在野外看见是在三江源，第一次与它共舞是在通天河边曲麻莱县的深山峡谷中。

狼的外形与狗相似，与狗的区别是尾巴粗大挺直，善于夜间活动，嗅觉灵敏。狼属于食肉动物，特别能耐饥饿，喜欢群居，多以核心家庭的形式组成狼群。现在只在高寒地区和荒漠地区有少量分布。狼的凶狠是尽人皆知的，人们把狼与虎豹并列，足以说明狼的残暴。从小到大我都对狼有一种惧怕的心理。

漂流队在沱沱河沿下水后，我们驱车赶往曲麻莱县，一方面沿途采集水样和植物标本，另一方面在中途接应漂流队，给漂流队补充一些食品，同时对换几名漂流队员。当车行进在三塔拉的荒漠草场时，前方一只灰褐色、像狗一样的动物向我们的汽车跑来。藏族司机边巴师傅兴奋地喊道："看！前面来了一只狼！快把车窗关好。"当时我们车里的人大部分昏昏欲睡，听到"狼来了"的喊声，全都从座位上蹿了起来，双眼直视前方，没有一个人说话，也没有一个人走动，每个人的双手都紧紧地抓住前面座位的靠背。只见一条灰黄色的大狼拼命地向我们的面包车冲来。此时，司机边巴师傅说："大家别怕，我们藏族有个说法，草原上遇到狼是吉祥的象征，能保我们行车安全。"他的话说得很轻松，但其他人紧张得心都快跳出来了。大灰狼在离我们面包车还有五六米的地方停了下来，一边喘着粗气，一边死死地盯着面包车。当我们的车快靠近它时，它又跟着我们的车一起向前狂奔。边巴师傅像是在故意和狼开玩笑，他一会儿把车开快，一会儿把车开慢；大灰狼一会儿快跑，一会儿慢跑，没有任何伤害我们的意思。慢慢地我们的心跳总算恢复了正常。中西纯一用生硬的中国话说："我的妈妈，吓死我了。"边巴师傅大笑着说："没事，我们常年在这条路上跑车，经常会遇到狼。只要我们不主动伤害它，它就不会伤害我们。"此时的大灰狼已经累得够呛了，边巴师傅的车开得再慢它也不追了。最后，大灰狼拖着长长的尾巴慢悠悠地向着荒原走去。

惊魂未定的我们此时才长长地出了一口气。李争鸣问边巴师傅："您怎么不怕狼？"边巴师傅说："我见得多了，也就不怕了。再说狼也怕人，我们这么多人，还开着这样一辆现代的车子，它更害怕我们。"

第一次见到狼就这样由高度紧张变得极度轻松了。第二次与狼共舞是在曲麻莱县的通天河畔。

▼ 冬季饥饿的独狼

8 月 19 日，漂流队已在通天河上漂流了 10 天。傍晚，按原计划漂流队与陆地队在距曲麻莱县城 20 多千米的通天河畔顺利会合。中日队员倍感亲切，大家互相问候，互相倾诉分别后的奇闻轶事。天快黑了的时候，我们 13 名考察队员和当地的藏族老乡，在江边支起了帐篷，点燃了篝火，摆上了庆功酒，准备在江边开个篝火晚会。忽然，远方的山谷中传来了一声凄厉的嚎叫。5 名藏族老乡迅速拿出了他们的枪，并对我们说："可能狼群来了！"我们一听，脑袋都大了。前几天只是白天遇到一只狼，就把我们吓坏了，现在是黑夜遇上了狼群，我们心想：这回算完了，必死无疑呀。我们再一次被吓蒙了。只见 5 位藏族老乡把篝火点得旺旺的，背起枪围着篝火跳起了藏族舞蹈。远处狼群的叫声越来越大，狼也越来越多。藏族同胞边跳边唱若无其事。狼群在离我们 30 来米远的地方停住了，并在那儿不住地叫，不

▼ 狂奔的狼群

住地跳。藏族老乡对我们说："别怕，跟我们一起来跳，一起来唱。"看到他们轻松的样子，又看到他们肩上的枪，我们也缓过劲来，咬了咬牙，心想就是死也要死得壮烈，跳！我们也加入了他们的歌舞行列。没有民族之分、有的只是唱跳声及阵阵的狼嚎声。说来也奇了，当我们真把生死置之度外，狼倒害怕了。当我们 18 个人唱跳得正高兴时，狼陆续撤了，越来越少……

海拔 4800 多米的通天河畔又恢复了宁静。陆京选自言自语地说："狼怎么跑了？"一个大个子藏族老乡说："跑了还不好，你是不是希望狼把大伙吃了？"小陆赶紧说："我不是这个意思，我是不明白狼怎么自己跑了。"一个叫洛桑达瓦的藏族老乡对我们说："狼最怕火，同时我们又这么多人，它也怕，特别是对我们这些在火光下红的黄的帐篷，它们更害怕，所以它们才跑了。而且，狼只要有别的东西吃，不是特别饥饿，一般不伤人。现在没事了，明天还要赶路，大家可以到帐篷里休息去了。今天夜里我不睡觉，在这里守着这堆篝火，为大家放哨。"连累带吓，我们实在太乏了，谢过洛桑达瓦之后就钻进了各自的帐篷。

寂静的长夜，陪我们入眠的只有通天河的流水声和洛桑达瓦清扬的歌声。水声雄浑高亢，年复一年、日复一日响彻中华大地。歌声委婉苍凉，一辈一辈、一代一代世袭传唱。我们知道这是格萨尔王的后代在吟唱着自己心中的歌。

20 年前与狼共舞的经历使我终生难忘。那时三江源地区的自然环境受人为破坏较少，野生动物们都无忧无虑地生活着。独特的地理环境和地广人稀的天然条件，使三江源成为野生动物的王国。这里仅珍稀野生动物就有 70 多种，属国家一类保护动物的就有 20 多种，如野牦牛、藏野驴、藏羚羊、白唇鹿、盘羊、马鹿、水鹿、雪豹、黑熊、斑头雁、黑颈鹤、雪鸡、蓝马鸡等。1990~2000 年，三江源地区的野生动物遭到较大的破坏。由于一些野生动物本身具有极高的经济价值，因此一些非法盗猎者长期在荒无人烟的高原上以捕杀野生动物为业。震惊世界的，有组织、有计划的盗杀、盗运藏羚羊和猎隼的事件就发生在这一地区。盗猎者在利益的驱动下疯狂地捕杀藏羚羊，连怀孕的母羊和刚刚出生的羔羊也不放过。他们除把昂贵的羊绒走私出境外，还把藏族人民尊为神灵的猎隼大量捕抓后盗运出境。这些不法分子使这一地区的野生动物资源遭到极大的破坏。2000 年，我们再次到三江源地区考察时，野生动物已经很难看到，与狼共舞的时代已经一去不复返，而听到当地藏族同胞说得最多的是饥饿的狼群把偷猎的人咬伤、把淘金人咬死的真实故事。生态一旦失衡，人与自然、人与动物的和谐关系也就随之消失了。

经过多年的环境保护，三江源地区野生动物种群的数量已呈增长的趋势。20世纪末马麝仅在6个县有分布，而2009年的调查结果显示，在三江源地区，除唐古拉乡以外的其余 16 个县已均有分布，其数量也已达 7000 只左右，较 20 世纪末增加了 4000 多只；藏原羚的数量已达 50000 只以上（2009 年），增加了 25000 只左右；藏野驴的数量达 41000 只以上，增加了 1000 只左右；岩羊的数量超过 50000 只，增加了 20000 只以上[1]。随着我国生态保护力度的进一步加强，野生动物的数量会越来越多，相信不久的将来，昔日“与狼共舞”的美妙场景定会再现。

[1] 蒋冲，王德旺，罗上华，等. 三江源区生态系统状况变化及其成因 [J]. 环境科学研究，2017，30（1）：10–19.

通天河畔

长江上游的两座桥，把江面分成三段。青藏公路上的一座大桥把长江上游分成沱沱河和通天河：大桥以西到长江源头各拉丹冬雪山的这段河叫沱沱河，大桥以东到长江上游的第二座桥这段叫通天河。第一座桥的所在地，当地人称为“沱沱河沿”，所以长江的这一座桥就取名沱沱河大桥。第二座桥的所在地，当地称“直门达”，所以长江上的这第二座桥取名为直门达大桥。直门达大桥以东的河段称金沙江。两座桥都是河的界桥。这次中日漂流探险考察就是从沱沱河大桥到直门达大桥这一段，也就是通天河的全程。

1990 年 8 月 9 日，通天河畔，阳光明媚。虽然是盛夏，但在海拔 4500 多米的高原上，刺骨的寒风仍不断地穿透每个队员的羽绒服往身体里钻，但大家心里都是火辣辣的。今天我们就要顺江而下，乘橡皮船漂到这次漂流的终点——直门达大桥。近在咫尺的成功在激励着我们前进。

▼ 通天河畔扎营

上午 10 时，我们从沱沱河兵站把漂流所用的船、装备、食品和取水样的设备运到沱沱河桥下。中西纯一是我们队伍中最高大的队员，运完装备后他脸色苍白，头疼得厉害。我们赶紧让他坐下来休息，不让他再进行任何活动，因为我们深知在高原上身体越高越胖，耗氧越多，再干体力劳动就更容易出现高山反应。日方的小林寿彦队长是个典型的小个子，好像天生就特别适应高原的环境，走起路来健步如飞，前一天下午还在解放军兵站和年轻的战士们在海拔 4500 多米的高原上打了一场篮球，上午的准备工作都是他在组织安排。最费力气和最考验人的活儿是给漂流船打气，一下、两下……和给自行车打气一样越打越费劲。两条船的气小林队长打了一条半，大家都佩服他体力真好，适应性真强。上午 12 时，一切准备工作完成，中西纯一经过休息也好多了。陆地队员和漂流队员一一握手告别。

现在回想起来，当时是做了一件太冒险的事，因为没有带任何通信工具，只是约好 10 天后在曲麻莱的江边见。这 10 天的生与死全都听天由命。1990 年时已有了海事卫星电话，这种电话是通过国际卫星组织把电话信号转接到我国的通信线路上来实现通话的。用海事卫星

▼ 准备探险漂流

电话在我国的高山峡谷、冰川、草原、海洋、沙漠等任何地方都能通话，但那时其体积很大，而且通话费用极高。1998 年我们在大峡谷考察时，海事卫星电话的设备已经过多次改进，体积变小了很多，通话费用也降低了不少。当时，全队带了 4 部海事卫星电话、多部 GPS 卫星定位仪，联系起来非常方便；但1990年漂流长江时还做不到这一点。

因为源头地区水流平缓，落差也小，漂流队前三天行进顺利，每天都按 40 多千米的进度前进着。三天里分别在沱沱河沿、布曲、当曲与通天河的交汇处取了水样。队员们的身体也基本适应了。第四天，当漂流到科欠曲时，队员们发现岸边有一座坟茔，就把两条船都靠了岸。上岸后大家一看，原来是前几年一个美国漂流队在漂流长江时，其中一名队员因患了感冒后转成高原致命的肺水肿而去世了。由于无法与外界通信，没有医疗设备，队员们只能眼睁睁地看着他停止呼吸，连尸体也运不走，只能在通天河畔将他埋葬了。之后美国漂流队被迫结束漂流，提前回国了。这段历史曾在中国和外国的报纸上报道过，今天我们亲自来到他的身旁。队员们在他的坟茔上多加了一些石块，然后在他的坟茔前默哀三分钟，以表示我们对他的敬仰与哀悼。

当时，队员们的心情是沉重的，但信心却是十足的，大家都表示一定要平安漂流到直门达。

▶ 送别勇士

金沙江边

漂流至第六天时，我们来到了通天河与楚玛尔河的交汇处。楚玛尔河是通天河的重要水源补给来源，因此它的水质资料就显得更为重要。要取这部分水质资料，就要从两河交汇处往楚玛尔河上游方向划，一些队员产生了畏难情绪，中国科学院的水文专家陆京选耐心地说明了取这部分水质资料的重要性。最后大家还是高兴地把船划向楚玛尔河源头的中部，取回了第 10 个点的珍贵水样。

第八天，漂流队进入了最危险的漂流段。楚玛尔河与通天河汇合后水量加大，而汇合后向东约 10 千米至色吾曲与通天河交汇口段是狭窄的峡谷段，河床面积小，水流湍急，河床中间还有很多暗礁。面对这些困难，一部分队员失去了信心，主张把这段绕开后再进行漂流。山田高司先生是日本著名的漂流探险家，世界上很多大江大河他都漂过。他和小林寿彦队长详细查看了这一段的地形和河道情况，认为可

金沙江边取水样

以漂过去。第一，河段进入了峡谷区，水流即使湍急也比下游金沙江段的情况好得多。第二，对很多暗礁只要提前注意，就可以绕开。第三，以我们的技术完全能够漂过去。第四，前些年大部分漂流队都安全地从这里漂过去了。听了他们的介绍，大家信心倍增，决定勇闯这一关。队员们仔细地检查了两条船的情况，并为了安全和救援的需要决定一条船一条船地往下漂。首先由山田高司带领三名队员进入峡谷区。山田稳稳地握着双桨，其他三名队员为了安全牢牢地趴在船上，死死握着船上的绳索。山田在急流中左划右划，调整着船的前进方向。突然，橡皮船一个急速下滑，迎面又遇上一个大浪，河水"哗"的一下向小船袭来。船上的 4 个人和装备、食品全部被河水打湿。山田高喊着："不要动！坚持就是胜利。"最艰险的这一段终于漂过来了。后面小林队长乘坐的船也按照山田的路线和操作方法，安全地闯过了峡谷区。

两船汇合后，队员们顾不得换去湿漉漉的衣服就互相紧紧地抱在了一起，河水和泪水也融合在了一起，八颗紧张的心紧紧地跳在了一起。

休整后，大家满怀信心地向直门达大桥方向进发。

直门达是个十分有趣的地方，历史与传说、现代与古代都在这里交会。

直门达是古代内地通往西藏的必经之路，也是"海藏通衢"的一大天堑。过去，直门达只是一个小小的渡口。当时流传着一句话："通天河水浪滔滔，要想过河等冰桥。"那时往来频繁的藏汉使者，传经布道的僧侣，求神拜佛的信徒，往来运输的商贾，都要从这里过通天河。冬天过河靠冰桥，夏天过河靠牛皮筏子，十分危险。不知有多少人在这里丧生、多少珍贵物资付之东流。

相传《西游记》中的唐僧师徒 4 人，从西天取经回来后，在直门达过通天河。这段河虽然不像《西游记》中所描写的大浪滔天，但也水流湍急。传说一只老龟驮着唐僧师徒过河，由于经文太重，老龟就把唐僧的经文抛到了通天河里。这批经文是他们从西天取回的真经，是用多年血汗换回的果实。唐僧师徒赶紧把经文捞了上来，但经文已经湿了。河岸边有一块光秃秃的大石板，他们就把经文放在上面晒，因此，后人就把这块石板称为晒经台。在晒经台的后面，有一个小村庄，住着十几户人家，这个村子叫高老庄，村民们称自己是猪八戒的后代。这些村民是不是猪八戒的后代？这个村庄是什么时候诞生的？已无从考证。这些美丽的传说自古至今世代相传，也不需要考证。有据可查的是，早在1600多年前，唐朝的文成、金成两位公主，为了唐蕃联姻大业，就是从这里过通天河到西藏拉萨的，至今这里还保留着纪念文成公主过河而修建的经塔。我想，只有这座经塔和晒经台及这段通天河，才能说出当年唐僧及文成公主在那种条件下过这段河时的困苦与艰辛吧。

▼ 金沙江边胜利会师

中华人民共和国成立后，党和政府为了改善此地的交通状况，在这里修建了直门达大桥。从此，一桥飞架南北，天堑变通途。

8 月 27 日，直门达桥下，通天河畔，金沙江边，漂流队经过 19 天的日晒雨淋、风餐露宿，与陆地队胜利会师。没有欢呼，没有跳跃，只有紧紧的拥抱和激动的泪水。队员们轮番多次把山田高司、小林寿彦和我高高地举起来。小林队长将自己珍藏了多日的一瓶香槟酒拿了出来，队员们以为小林队长要摆酒庆功，不料他却把酒洒在了两条日夜陪伴我们的船上。一个月滴酒未进的野山富雄，顽皮地躺在船上，张开大口和船一起痛饮这胜利的酒、吉祥的酒、庆功的酒。

这次漂流在金沙江前结束了。正是这次漂流探险考察，使我们与三江源结下了不解之缘。

▼ 痛饮庆功酒

漂流长江的勇士们

直门达大桥的东面就是金沙江，在金沙江边竖立着一座高大的石碑。石碑上纪念的人已葬身在金沙江中段的通珈峡中，他就是勇漂长江的第一人——尧茂书。

20 世纪 80 年代初期，中国刚刚打开改革开放的大门，世界上很多国家的漂流队都想首漂中国第一、世界第三的大河——长江。其中美国漂流队更是咄咄逼人，一副势在必得之势。外国人要首漂长江的消息，激怒了四川成都一个大学的老师尧茂书。他暗下决心：一定要走在美国人的前面，实现中国人首漂长江的壮举。

▼ 纪念漂流勇士的纪念碑

他精心制作了“龙的传人”号漂流船，在没有计划、无人接应、经费不足、资料不全的情况下，就于沱沱河沿下了水。经过一个多月在长江源头边筹集经费边漂流，总算胜利漂到了金沙江。由于对金沙江通珈峡段的水文特征不了解，当他驾驶的小船驶进通珈峡时，船翻人亡。尧茂书为了中国的漂流事业，为了长江的首漂，献出了自己年轻的生命。

尧茂书的不幸牺牲，并没有阻挡住人们长江漂流的步伐。相反，第二年在长江的源头云集了多支漂流队。他们有来自中央机关的中国科学院漂流队，有来自地方的北京漂流队、洛阳漂流队，还有来自美国、日本等国的漂流队。这些漂流队与尧茂书漂长江时不同，他们都是有组织、有计划且有经费支持的。

下水后，第一个被淘汰出局的就是美国漂流队。前面我们提到，在通天河中段，他们的一个队员因得肺水肿而身亡，其他队员也像泄了气的皮球，知难而退了。中国科学院漂流队和北京漂流队、洛阳漂流队都在那一年漂流成功，但他们也为此付出了惨痛的代价。

▼ 最险的漂流段

▲ 激流勇进

中国科学院漂流队，为了纪念尧茂书首漂长江，特意在成都做了一块大纪念碑。当他们胜利平安地漂到直门达时，纪念碑也运到了直门达大桥旁。漂流队为纪念碑举行了揭幕仪式，碑的正面书写着“漂流长江勇士——尧茂书”，落款是长江漂流科学探险考察指挥部。碑的后面是当时中国科学院成都分院党委书记刘允中题写的碑文，下面是来自中国科学院各所的17位漂流队员的签名。揭幕仪式后，漂流队再次下水，继续往金沙江下游漂。可万万没想到，中国科学院成都地理所的4个人也不幸遇难。在漂流长江最急最险的虎跳峡时，他们献出了自己年轻的生命。其他队员胜利漂过了虎跳峡，并成功到达此次漂流的终点——上海，结束了这次悲壮的长江漂流。

漂流长江的勇士们为尧茂书立碑，也为自己立了一块碑。每当人们经过直门达大桥时，都会看到这座碑并忆起英雄们的往事，无不被英雄们的拼搏精神所感动。这座碑记录了那段历史，历史也必将铭记为长江漂流探险做出贡献的人们。

4

探寻澜沧江正源

三江溯源史

黄河源

奔流不息的黄河是一条奇特的大河，甘甜的河水孕育了中华五千年的文明。同时，它又是一条经常泛滥成灾的河。从古至今，我国历朝历代为了认识黄河、治理黄河、利用黄河，都曾无数次地探索过黄河的奥秘，也曾探寻过黄河的真正源头。人们为此付出了巨大的代价，同时也积累了宝贵的资料。

黄河古称浊河，早在尧舜时期，黄河就有壅塞，河水经常泛滥成灾。为了治理黄河，大禹曾经逆黄河而上，到了上游的积石山，从上游治起，终于用"导利以通之"的方法收到了很好的效果。大禹治水的故事今已传为佳话。此后，人们在治理黄河的同时，也不断地探寻黄河的发源地。《尔雅》曾记载："河出昆仑墟，色白，所渠并

▲ 董锁成教授在源头取水样

▲ 黄河源湿地

千七百一川，色黄。”《山海经》亦曾记载：“昆仑墟在西北，河水出其东北隅”，“出其东北隅者，实惟河源。”西汉时期，汉武帝刘彻派张骞出使西域，张骞一行认为新疆的塔里木河，向东流入罗布泊，伏流地下数千里，至青海积石山而出。这个关于黄河重源伏流的传说，在历史上广为流传。

到 7 世纪上半叶，人们才开始发现真正的黄河源。据历史文献记载，唐贞观九年（公元 635 年），侯君集和李靖奉命征讨吐谷浑，到达星宿海、柏海（今扎陵湖和鄂陵湖），望见了积石山，并观览了黄河源。唐贞观十五年（公元 641 年），文成公主进藏，礼部尚书、江夏郡王李道宗奉命持节护送，松赞干布率其部亲迎文成公主于黄河源。文成公主与松赞干布在黄河源的扎陵湖边举行了婚庆大典。此后，唐穆宗长庆元年（公元 812 年）派刘元鼎，元朝至元十七年（公元 1280 年）派都实，清朝康熙四十三年（公元 1704 年）派拉锡、舒兰等人都探求过黄河源，并留有《河源记》一书。清政府还多次派人到黄河源实地测量。《水道提纲》一书还对扎陵湖、鄂陵湖的位置与由来做了较详细的记载，皆证明黄河源于星宿海。他们发现星宿海之上有三山，三山之泉流出三条河，三河向东流入扎陵湖。人们对黄河源的认识越来越清晰。

中华人民共和国成立以后，科学家多次探寻黄河源。1952 年，由黄河水利委员会组织的一支 60 多人的河源勘察队，前后经过 4 个多月的考察，对黄河源头地区的地形、地貌、山、水、草原等进行了比较详细的测绘，获得了比较丰富的科学考察资料。但那次勘察，由于种种原因，记录不够准确，并且将黄河源头的扎陵湖和鄂陵湖的位置颠倒了，引起很多争论。

1978 年，黄河水利委员会、中国科学院等单位又组织了一批科研人员到黄河源头地区考察。这次考察更正了 1952 年时两湖颠倒的错误，同时将黄河的正源定为卡日曲，源头定为巴颜喀拉山北麓海拔 4982 米的各姿各雅山。从此，水利部和黄河水利委员会正式将各姿各雅山定为黄河的源头。

黄河是中华民族的母亲河。黄河的乳汁养育了中华儿女，创造了中华五千年的灿烂文明。中华儿女历朝历代都对黄河进行过考察和治理，并留下了不朽的诗篇。今天，黄河仍然焕发着青春与活力，继续默默地滋润着中华大地。

长江源

长江，为我国第一大河，是长度仅次于非洲尼罗河和南美洲亚马孙河的世界第三大河，全长 6380 千米，是世界上最伟大、最壮丽的大河。长江水大流急、落差悬殊，从源头到上海入海处落差达 5400 多米。水能资源极为丰富。长江流域蕴藏着 2.3 亿千瓦水能资源，是黄河的 7 倍。落差如此之大，水能资源如此之丰富，是世界众多河流无法比拟的。

很久以来，我们的祖先就一直在寻觅长江的源头。古籍《尚书·禹贡》曾把发源于岷山的嘉陵江、岷江当作长江上游，所以长期以来“岷

▲ 长江源

山导江”“江源于岷”的说法一直在流传。到了明代，公元1636年，我国最早的地理学家、探险家徐霞客，沿长江而上，到四川、云南等地进行了考察。他发现金沙江才是长江的正源，于是撰写了《江源考》，推翻了过去“岷山导江”“江源于岷”的错误观点。徐霞客在当时的历史条件下，没有也不可能继续沿江上溯，所以也没有找到长江的真正发源地，但他把人们对长江源的认识往前推进了一大步。

到18世纪中叶的清代，人们对长江上游的水系有了进一步的了解。当时绘制的地图中，已绘出通天河、木鲁乌苏河等河流的位置。公元1720年，康熙皇帝所派专使在考察黄河上游的同时，也顺便考察了通天河，看到巴颜喀拉山南麓河流众多，密如蛛网，无法断定哪条河是正源，为此得出了“江源如帚，分散甚阔”的结论。长江源头的地点虽然没有找到，但人们对长江源头的认识已经从金沙江提升到了通天河。

中华人民共和国成立以后，党和政府十分重视长江、黄河等大江大河的治理工作，先后成立了长江水利委员会和黄河水利委员会。1956 年 8 月，长江水利委员会组织科研人员到长江源头的曲麻莱县考察。他们发现，通天河上游有南北两大源：南源为木鲁乌苏河，发源于唐古拉山北麓；北源为楚玛尔河，发源于可可西里南麓。这个认识又比过去前进了一步，但还是没有找到长江真正的发源地。

1977 年，由长江流域规划办公室和中国科学院等单位组织的江源考察队，再次来到长江源头地区进行科学考察。他们沿通天河进入沱沱河的上游，进行了 1 个多月的考察，发现长江的真正源头是唐古拉山北麓的各拉丹冬雪山；还发现通天河上游的正源是沱沱河。这次考察，有史以来第一次探明了长江的发源地。从此，中国的长江源头，被正式命名为各拉丹冬。

各拉丹冬在藏语中为“高高尖尖的山峰”之意，其海拔 6621 米。长江发源于各拉丹冬西南侧的姜根迪如冰川。这片冰川南北长约 50

▲ 各拉丹冬冰塔林

千米，东西宽约 30 千米，由 50 多条巨大的冰川组成。这些冰川，是长江取之不尽的固体水源。

长江在各拉丹冬姜根迪如冰川发源时，是由一些小冰川和小冰斗融化成的一股股小溪汇合而成的，这时的水面宽度只有几十厘米，水深只有 0.2 米。然后向北流过 9 千米，在巴冬山下与尕恰迪如岗雪山的融水汇合。继续往北流出 15 千米的谷地后，分成了两条小河，小河的两侧又有很多小溪流入，这就是沱沱河的上游。沱沱河流到葫芦湖附近急转向东流去。沱沱河东流后，河面逐渐变得宽阔，水深也越来越深，流速也越来越快。流到囊极巴陇附近，已经成为一条 30 多米宽的大河。在这一带它又与当曲、布曲、尕尔曲三条重要的支流汇合成长江上游的通天河。通天河流到巴塘河口后，便汇入了长江中游的金沙江。

长江逶迤绵延、蜿蜒迂回，好似一位伟大慈祥的母亲，用乳汁般甘甜的江水滋润着中华大地，哺育着勤劳勇敢的中华儿女。

澜沧江源

1990 年长江漂流结束后，我们和日本东京农业大学商定，接下来联合进行澜沧江漂流探险考察。为了搞好这次考察，我收集了大量有关澜沧江的资料。澜沧江 – 湄公河，流经中国、缅甸、老挝、泰国、柬埔寨和越南，全长 4880 余千米，是东南亚第一大河，对东南亚地区的政治、经济、文化起着至关重要的作用。澜沧江流经我国的青海、西藏、云南三省，对这些地区的经济发展也十分重要。

历史上，有很多探险家为了寻找澜沧江 – 湄公河的发源地而做出过努力。

第一位到达澜沧江的意大利人是马可 · 波罗，他在游记中记载了澜沧江的自然面貌及沿河的人文情况。

第二位踏访澜沧江的是中国的探险家、地理学家徐霞客，他的足迹遍及大半个中国。而他走得最远，耗时最长，游记文章写得最多、最精彩的正是在游历澜沧江与金沙江之时。他在《江源考》及《寒江考》中指出，金沙江为长江上源，从而纠正了前人的错误。但是他对澜沧江的发源地却没有描述，采取了回避的态度。其实在当时的历史条件下，他根本不可能走到黄河、长江、澜沧江的发源地——青海玉树藏族自治州的三江源地区。

19 世纪 60 年代至 20 世纪末，法国国家地理学会、美国国家地理协会和英国皇家地理学会等国际知名机构先后资助了十几支探险队到中国寻找澜沧江的源头。1866 年，6 名法国人尝试寻找澜沧江的源头。因为当时没有这条大河的任何地图资料，在两年多的艰辛跋涉中，他们从越南湿热的沼泽地，到中国西南部寒冷的雪域高原，跨越了 4000 多千米的路程。由于条件恶劣和当时的技术水平有限，他们无法准确测定河流的长度，更无法为源头的确定提供充足的证据。1894 年，又一位法国人到达了距离澜沧江源头非常近的地方，不幸的是由于他被怀疑偷了当地居民的马匹，遭到当地人的枪击而身亡，因此他也成了澜沧江源头探险史上第一位悲剧人物。

民国初年，甘肃天水人周希武深入考察了玉树地区的山川民俗，

▼ 果宗木查雪山

并参考旧时档案写出了《玉树调查记》，第一次较为详细地记述了澜沧江的源头及其周围的水流情况——“澜沧江上流有二源，北为杂曲河，南为邪穆曲河”——为后人留下了极为宝贵的文字资料。

可是，这样一条重要的国际河流，它究竟发源于什么地方呢？对此众说纷纭，各执一词。在国内外的文献中，大致有如下几种说法。

1. 扎纳日根山。1986 年民族出版社出版的《中国少数民族地区画集丛刊·青海》里写道：“澜沧江－湄公河正源是扎曲，发源于青海玉树藏族自治州杂多县的扎纳日根山。曲折南流，经青海、西藏、云南入太平洋。”

2. 治多县。1993 年青岛出版社出版的《中国水系大词典》中写道：“澜沧江源出青海省治多县北部分水岭西侧，唐古拉山西南麓。北流折向西流，至杂多县到西藏自治区昌都、囊谦称扎曲，古名拉楚河。在囊谦县西南 60 千米处进入西藏自治区东南境。经昌都县境在寨雅县若巴纳入柴曲后，始名澜沧江。”

3. 查加日玛。1986 年 7 月出版的《青海水资源利用》论文集中写道：“澜沧江干流发源于我省唐古拉山北麓查加日玛的西南侧，青海

▼ 澜沧江源

省内称扎曲，由西南向东南流经杂多、昂欠两县。于打如达村以下约4千米处流入西藏境内。”

4. 格尔千山。科学出版社出版、中国科学院西部地区南水北调综合考察队编纂的《川西滇北地区水文地理》称：“澜沧江上游扎曲发源于格尔千山的东麓。”

5. 扎西气娃湖。扎西气娃湖被当地藏族群众尊为“圣湖”，是吉祥湖的意思。它位于扎尕曲上游的沼泽地，地处北纬33度34分15秒，东经94度18分14秒，海拔高度为4650米。它是由沼泽地中几个面积很小的湖泊相连而成，流出的水量在扎尕曲的总水量中仅占很小一部分。当地群众称它为澜沧江源头。

6. 鲁布萨山口。英国《星期日独立报》报道：“英国探险家佩塞尔获准与两名法国同伴寻找澜沧江–湄公河的发源地”“最终，他们确定澜沧江–湄公河的发源地的精确位置在海拔4975米的鲁布萨山口。”

7. 唐古拉山。一则发自柬埔寨媒体的关于柬埔寨、老挝、泰国、越南4国举行湄公河委员会会议、讨论湄公河沿岸地区经济发展问题的新闻中写道，“澜沧江–湄公河发源于中国的唐古拉山”。

看！一条大河的发源地，竟出现了这么多的说法，澜沧江的发源地到底在哪里？澜沧江真成了无源之水吗？绝不可能！只是千百年来由于源头地区地理、气候、环境的特殊性，加上技术手段及经济条件的制约，基本上没人在源头做过准确详细的科学考察，才使得澜沧江成了“无源之水”。

江河是人类文明的摇篮，人们从未间断过对它们的探寻。世界著名大江大河源头的确定，一直被视为重大的地理发现。关于澜沧江的材料收集完后，队员们兴奋不已，因为我们从中发现了一个地理学上的重大难题。为解开这个难题，为了探寻澜沧江的源头，我们奋斗了6年。

确定正源

每条大江大河都是由无数的支流交汇而成的，在交汇点确定谁是支流、谁是主流至关重要，因为主流代表这条江河的正源。

为了寻找澜沧江的正源，我们与日本东京农业大学于1994~1995年进行了两次大规模的澜沧江科学探险考察。

我们认为，在寻找澜沧江源头前，需要先做好以下一些基础工作：在澜沧江上游的主要河流交汇处，首先确定正源河段，再顺着正源河段逆江而上寻找澜沧江的发源地。同时我们还制定了确定正源和源头的原则。正源和源头的确定一般应从以下几方面考虑：河长、流量、流域面积、传统习惯及河流走向的一致性等。另外，在河源的确定中，河长和流量应作为主要的考虑因素。流域面积与河长密切相关，一般河流越长，流域面积越大，水量也会随之增大。还需考虑到河源地区多为山地，地形地貌条件复杂，河流发育受地形地貌等影响较大的因素。事实上，还会遇到长度与流域面积不一致的狭长形河流，或长度短而流域面积大的宽短形河流等特殊情况。在确定河源时，应将流域面积作为一个重要的独立因素来考虑。在河长、流域面积及流量等条件相差不大的情况下，在河源的确定中应将河流走向的一致性考虑进去。对于是否将传统习惯作为确定正源的标准，目前在学术界还有不同的看法。有些传

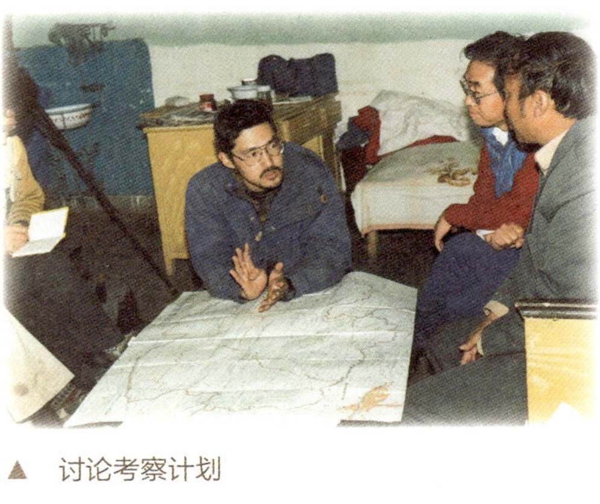

▲ 讨论考察计划

统意义的河流源头是根据当地居民的民俗所定，也有的是根据前人的实地考察结果所定。我们认定，对后一种情况应予以考虑，而对前一种情况则不予考虑。当以上标准无法判别正源时，可以考虑河流落差、河流发育史、河宽及河深等因素。

根据以上原则，我们组织了水文地貌、地质等专业的中日科学家，于 1994 年和 1995 年，从澜沧江中游开始，对澜沧江进行以确定正源为主的科学探险考察。

澜沧江科学探险考察队在队长陶宝祥和副队长中西纯一、周长进的带领下，于 1994 年 4 月从云南昆明出发，沿澜沧江的下游经保山至丽江地区的维西，迪庆地区的巴迪、德钦，进入西藏地区的盐井、芒康、左贡到昌都。昌都以下的澜沧江中下游河段，流域宽度是狭窄的，两岸支流一般是短小的，水网发育也不充分。昌都以上分为两支大的支流——西支为昂曲，东支为扎曲。昂曲河长 364 千米，扎曲河长 518 千米。扎曲的流速、流量、流域面积都比昂曲大，故把扎曲定为澜沧江的正源。

1995 年 8 月，考察队又从青海省西宁市出发，经玛多到玉树地区的杂多县。在杂多县扎曲上游的尕纳松多，考察队进行了实地测量。扎曲在尕纳松多分为两支：一支为扎阿曲，一支为扎那曲。根据十万分之一地形图量测，扎那曲河长 90.7 千米，流域面积 1983 平方千米；扎阿曲河长 93.3 千米，流域面积 2560 平方千米。1994 年 9 月 4 日，考察队在两江交汇处的尕纳松多实地测得扎那曲流量为 10.6 立方米 / 秒，河宽 30 米，平均水深 0.33 米，平均流速 1.067 立方米 / 秒；扎阿曲流量为 54.9 立方米 / 秒，河宽 40 米，平均水深 0.726 米，平均流速 1.89 立方米 / 秒。从以上数据可以看出，扎阿曲无论河长、河宽、流域面积、流量还是流速，均比扎那曲大。因此，我们认为扎阿曲为澜沧江的正源。

1996 年，考察队的周长进、陶宝祥、靳长兴在第三期《地理译报》上发表了题为《澜沧江正源问题及上、中游水化学》的文章，首次发布扎阿曲是澜沧江的正源。同年，《中国科学报》记者徐建辉首次在

《中国科学报》上发表了题为《中日科学家实地考察后认为扎阿曲为澜沧江正源》的报道。

▲ 云南段的澜沧江

澜沧江水能理论蕴藏量仅次于雅鲁藏布江、长江和黄河等水系，居于国内第四位。

澜沧江在昌都以上分为两支，西支为昂曲，东支为扎曲。干流扎曲在青海省玉树藏族自治州杂多县尕纳松多以上为河源段，在此又分为两支，左支为扎阿曲，右支为扎那曲。当地习惯上以扎那曲作为正源，其发源地为扎纳日根山（藏语意为“圣山”）。考察队通过实地考察发现，扎纳日根山位于扎那曲中游北部，由它流出的水流仅为扎那曲的一个小支流，所以，以它作为正源是不科学的。扎那曲河长 90.7 千米，流域面积 1983 平方千米；扎阿曲河长 93.3 千米，流域面积 2560 平方千米。1994 年 9 月 4 日实测扎那曲流量为 10.6 立方米 / 秒，扎阿曲流量为 54.9 立方米 / 秒。在河流的交汇处，扎阿曲的河流走向与下游扎那曲的河流走向较为一致。因此，扎阿曲应为澜沧江正源。

扎阿曲的发源地位于东经 94 度 41 分 35 秒，北纬 33 度 44 分 13 秒，海拔 5167 米。由该处冰川末端流出的水流经过郭涌曲后进入扎阿曲，与扎那曲交汇后称扎曲。扎曲河长 518 千米。

澜沧江正源的确定，为今后探寻澜沧江源头打下了坚实的基础。同时，它的确定还否定了多种有关澜沧江源头的说法，如扎纳日根山、格尔千山、扎西气娃湖、鲁布萨山口等，因为以上观点都认为源头在扎那曲一侧。

法国探险家米歇尔·佩塞尔

在中外科学家对澜沧江源头的探险考察历程中，法国探险家米歇尔·佩塞尔是最为人们所熟知的。他曾 24 次穿越中亚、西亚和中国西藏进行探险。特别是 1994 年 9 月的那次考察，当时已经 58 岁的他与两个法国同伴，从青海玉树藏族自治州出发，沿澜沧江向上寻找其源头。他在 1997 年出版的专著《最后一片荒蛮之地》中有一段这样描述：“历经雷雨、闪电和冰雹的洗礼，我们披荆斩棘闯出一条路。有一夜，狼群袭击了营地，三匹马和一条狗不见了，去寻找它们的一个向导也不见了……”这段惊心动魄的描写真实地记录了法国探险家佩塞尔和同伴在 1994 年寻找澜沧江源头探险考察中的一段亲身经历。在当地藏族同胞的帮助下，佩塞尔从杂多县莫云乡，沿扎那曲逆流而上。他们骑马走了两天，到达了萨日咯钦（海拔 5354 米）与加果空桑贡玛（海拔 5944 米）两座山之间的一个山口。佩塞尔称这里为鲁布萨山口（当地叫隆布拉），认为此处就是澜沧江的源头，并把他的发现在英国皇家地理协会注册。实际上这个鲁布萨山口是扎那曲的支流——扎加曲的源头。

1995 年，英国记者杰弗里·利恩在英国《星期日独立报》上发表了题为《发现的黄金时代》的文章，文中称“过去 13 年里，澜沧江 - 湄公河至少否定了 12 次人们寻找其发源地的努

▼ 留下记忆

▲ 当地的藏族向导

力。1994 年佩塞尔第 13 次考察并提出的鲁布萨山口说是成功的”。但据杂多县莫云乡的干部群众讲，佩塞尔一行既没有在澜沧江的下游、中游实地考察，也没有到扎那曲与扎阿曲汇合地的尕纳松多实地测量，而是以游客的身份在当地老乡的带领下，往扎那曲的方向骑马来回走了 5 天，回国后就向世界宣布他们发现了澜沧江的源头。这种没有任何科学根据的做法是极不负责的。

巧合的是，就在佩塞尔与两名法国同伴前往澜沧江源头探险考察途经杂多县时，我们中国的科学家已经历千辛万苦，从澜沧江源头考察归来，并确定了澜沧江的正源是扎阿曲，并非扎那曲。因为北支的扎阿曲的河流长度、河水流量及流域面积，都远远大于南支的扎那曲，所以扎阿曲才是澜沧江的正源。而扎阿曲的源头是海拔 5224 米的果宗木查（当地称“功德木扎”）雪山。

因此，1994 年英国人报道的佩塞尔所提出的澜沧江源头是鲁布萨山口的观点是完全错误的。

泥石流遇险

中日澜沧江科学探险考察经过考察队员的努力，在科学上取得了重要成果，获得了大量的第一手资料，为今后澜沧江源头的确定提供了准确的科学依据。这次科学探险考察，我们经历了泥石流、山体滑坡、冰雪世界穿行等生与死的考验。此外，我们还冒了一个极大的风险，并创造了一个奇迹。

凡是对西藏有所了解的人都知道，当时进西藏只有1条空中走廊和4条进藏公路线。从成都飞往拉萨的飞机，在20世纪90年代初期每星期只有几班，而且由于气候原因还经常停飞，有时在两个飞机场等飞机就需要花费十几天。进藏的4条公路线是：青藏线（西宁－拉萨）、川藏线（成都－拉萨）、滇藏线（昆明－拉萨）、新藏线（乌鲁木齐－拉萨）。这4条线，不同的地段易受不同气候的影响，路况差别很大。有些路段，路况极差。这4条路线的交通事故居高不下，不知有多少人伤、残甚至死于这4条线上。20世纪80年代中期，我们的两个考察队员由于车祸就牺牲在了川藏线上；人民的好干部孔繁森则是由于车祸将自己的生命留在了新藏线上。

我们本次考察成功与否，考察所用车辆和司机起着决定性作用。为了确保队员们的生命安全和考察任务的顺利完成，我们确实应该租几辆好的进口越野车。但由于受经费的限制，无奈之下，我们在北京只租了一辆没有四轮驱动的普通面包车，并乘坐它过黄河、跨长江、翻秦岭、越丽江，沿滇藏线到昌都，沿川藏线到玉树，又从三江源过巴颜喀拉山，走青藏线返至西宁，然后平安回到北京。一辆车，一个半月的时间，跑了大半个中国。你要知道这是发生在1994年，当时沿途的加油站和修理厂都非常少，而且是单车独行。正如昌都地区汽车修理厂的一位负责人所说："你们这辆车从北京平安开到昌都算你们冒险成功。如果再从昌都开到四川、青海，最后返回北京，那你们就创造了一个奇迹。”

中日联合考察澜沧江的行动商定之后，遇到的第一个难题就是如何解决交通问题。考察路线经过云南、西藏、四川、青海四省区，在当地租车难度很大，这一段路又非常难走，当地的司机只跑本省，不愿意到外地去，所以必须在北京就找好司机。对司机的要求是，既有跑过类似山路的经验，又要驾驶技术过硬，还得是自己愿意去的司机。正在我们联系找人的时候，原先中国科学院自然资源综合考察委员会的一个叫汪道文的司机主动找到我，表示他愿意开着自己的面包车，与我们一起去澜沧江考察。

汪道文，我对他很了解，他是我们单位一个比较老的司机。前些年，我在横断山考察时，他和我共同到过这些地区。后来他调到一个出租车公司开一辆海狮牌面包车。我们在横断山考察时他开的是带分时四轮驱动的吉普车，现在开普通面包车能不能到这个地区，我心里没底。但他信心很足，认为没有问题，可我们每个队员都将信将疑。最后我根据多年坐车考察的经验，决定让汪道文和他的面包车与我们同行。我们打算遇到难走的路段，都下车推着车走，危险的路段就绕行。人生能有几回搏，只要认真就没有克服不了的困难，亦没有过不去的沟沟坎坎。在忐忑不安中，我们一行 7 人从北京启程了。

1994 年 4 月下旬，我们平安到达澜沧江下游的保山。取了水样后，经丽江到维西，这一段大部分是平原公路，我们一路上还算平安。维西紧邻澜沧江，维西到巴迪的公路是沿澜沧江修建的，路窄坡陡，公路两侧都是悬崖峭壁。我们实际上是行走在险象环生、令人心惊胆战的悬崖峭壁上。这条路在下雨时沿途多处塌方，不下雨时又会有山石滑落，一不留神就有巨石从天而降。一路走来，我们边走边往山坡上观察，尽管这样我们还是遭遇了最危险的滚石滑坡。

汽车从维西沿着澜沧江西行 10 多千米，停在了一个山崖边，只见公路悬空，头上是天，脚下是江，路面凹凸不平，狭窄蜿蜒，正是前人所说的“马帮不敢走，猴子也发愁”的险恶路段。因为这里前一天下了大雨，前边 30 多米处发生了泥石流滑坡，路有一半已被堵。修路的工人正在抢修这一路段。就在我们下车看路时，前面的山上有大块碎石滚落下来，修路工人忙对着我们喊：“快往回跑！”我们一行 7 人撒腿就往回跑，只听身后“轰隆”一声巨响，一块巨大的山体滑下，把我们身后的公路全部埋上了，一部分山石还掉进了波涛汹涌的澜沧江。我们 7 人就像脱缰的野马往来时的方向狂奔，跑出去约 100 多米才敢停下来。回头看，面包车前方十几米的公路上堆积了一座 7~8 米高的小石山。惊魂未定的我们瘫坐在公路上，过了十几分钟才慢慢缓过神来。这时，从公路刚塌下来的小石山上，走下来一个修路工人，对我们高喊：“快把车开回去，这条路修不好了！”汪道文师傅脸色煞白地对大家说：“你们慢慢地往回走，我一个人把车倒回来。”只见汪师傅快步走到车前，迅速把车倒了回来。我们赶紧上了面包车。上车后，每个人的眼睛都紧紧地盯着前方的山石。汪师傅突然加大了油门，只听到一声沉闷的发动机轰鸣声，汽车开始向前奔去。顷刻间，身后的路面突然塌落，无数巨石坠入 200 米以下的江中，

▼ 公路边是奔腾的澜沧江

激起点点浪花，而后不见踪影。大家坐在车里回忆着刚才发生的一切，手心仍旧冒汗。如果不是工人师傅的提醒，如果不是汪师傅突然加速，我们不是被埋在公路上，就是掉进波涛汹涌的澜沧江中了。车上没有了往日的说笑，每个人都默默地注视着眼前连绵起伏的山峦。

泥石流是多发于山区的一种严重的地质灾害，常由暴雨、冰雪融化等引起，为带着大量泥沙石块的特殊洪流。它的特征是突然爆发，在很短的时间内大量的泥沙石块如洪水一般沿陡峭的山坡前推后拥、奔腾咆哮而下，地面为之震动，山谷中的回声犹如雷鸣，会给人们的生命财产造成巨大损失。20 世纪 80 年代初期也是在这段路，由于连降暴雨引发了泥石流、滑坡和塌方，滞留在澜沧江大峡谷一段路上的十多辆私家车被落石砸伤，所幸人员提前跑出，没有造成人员伤亡。但我们前几年考察青藏高原路过川藏公路的二郎山路段时，就没有这么幸运了。川藏线上的二郎山路段，是千里川藏线上的第一道咽喉险关，被称为“鬼门关”。这里常年冰雪、暴雨、泥石流、滑坡不断，致使该路段行车事故多发，断路频繁。当地有句谚语：“车过二郎山，像进鬼门关。侥幸不翻车，也要冻三天。”据统计，从 1986 年至

▼ 面包车逃出塌方区

1996年这10年间，川藏公路二郎山段发生的重大翻车事故多达11起，死亡106人，其中就包括我们考察队的一起事故和死亡的一名《人民画报》的记者。每每想到这些都会让人不寒而栗……

下午，我们从维西又返回了丽江。为了给大家压惊，也为了下一段考察的顺利，晚上我们举行了一个小小的酒会。队员们边喝着酒，边谈论着今天发生的事情。大家认为这次是“大难不死，必有后福”，下一段的考察一定能胜利完成。

澜沧江在横断山的峡谷中奔流，我们的面包车在滇藏线的崇山峻岭中穿行。5月的山上还堆积着厚厚的积雪，我们的面包车艰难地在积雪上行驶。队员们时不时还需推着汽车前行，翻过一座座雪坡，越过一个个雪沟……

▶▷ 可望而不可攀的神山
——梅里雪山

历经千辛万苦，我们的汽车停在了梅里雪山脚下，队员们默默地站在车旁，眺望着远处的梅里雪山。

梅里雪山在迪庆藏族自治州德钦县西部，是一座南北走向的庞大雪山群，全长 150 千米。梅里雪山在当地被称为“卡瓦格博雪山”，当地的藏族人民为它命名并尊它为神灵居住的地方。“梅里”一词为德钦藏语，意思是“药山”，因其盛产各种名贵药材而得名。梅里雪山仅海拔在 6000 米以上的山峰就有 13 座，被称为“太子十三峰”。

▼ 梅里雪山脚下

梅里雪山是雍仲本教的圣地。雍仲本教有四大神山之说，具体为阿里的冈底斯山、林芝的苯日神山、昌都的孜珠山、德钦的梅里雪山。同时，梅里雪山还是藏族人民心中的神山，且与西藏的冈仁波齐、青海的阿尼玛卿、青海的尕朵觉沃并称为藏传佛教四大神山，每年都有大批的藏族同胞来这里祭祀。

到目前为止，人类已经征服了世界上最高的珠穆朗玛峰和所有海拔 8000 米以上的高峰。但由于复杂的地形和变幻莫测的气候，从 1902 年到 1996 年，先后有英、美、日、中等国的专业登山探险家和业余登山爱好者去攀登梅里雪山，均以失败告终。

1989 年中日联合登山队组织了首次攀登梅里雪山的活动，但只攀登了一半，就因暴风雪来临而以失败告终。最为不幸的是，1991 年 1 月中日联合登山队再次向梅里雪山主峰发起冲刺，由于突然天降大雪，登山队被迫放弃原定攀登主峰的目标。在返回位于海拔 5100 米的 3 号营地途中，一名日本队员发生滑坠，经过 20 多分钟的努力，人才被救上来，但却耽误了下撤的时间。全体队员在去往 3 号营地的路上，因遭遇雪崩而全体遇难，其中包括 6 名中国队员和 11 名日本队员。中国队员是：宋志义、孙维琦、李之云、王建华、林文生、斯那次里；日本队员是：井上治郎、佐佐木哲男、清水永信、近藤裕史、米谷佳晃、宗森行生、船原尚武、广濑、儿玉裕介、笹仓俊一、工藤俊二。这是世界登山史上第二大山难。山难发生后的第二年，在梅里雪山脚下的滇藏公路旁，中日双方为牺牲的队员修建了一座纪念碑。

对于这次山难，当地的藏族群众中流传着这样一种说法：梅里雪山觉得自己的脸上痒痒，就用手指轻轻挠了一下，结果登山队全军覆没。其实，在返回海拔 5100 米的 3 号营地的途中遇到雪崩，其中一个很大的原因就是登山队人员太多，造成在登顶途中雪面被多人踩踏后其结构发生了变化，再加之遇上暴风雪，使得原本松散的雪面在暴风雪的压力下发生崩塌。无论什么样的传说及原因，17 位中日登山家在距离梅里雪山主峰仅仅 270 米的地方全军覆没，他们用生命铸就的遗憾永远留在了这座神圣的雪山之上。这次山难使梅里雪山更增添了几分神秘感和诱惑。在登山探险者的眼中，只要梅里雪山还高昂着头颅，那就是一种莫大的挑战。正如多次深入梅里雪山考察的中国第一代登山家周正、王福州所言："我们深信梅里雪山再难再险，总有一天会被勇敢的高山探险者踩在脚下。"

几年后，中国和日本的登山探险家第三次向梅里雪山发起冲击。他们艰难地走过当年的3号营地，曾一度冲上海拔6240米处。但天气预报说当天有大风

▼ 拍下英雄的足迹

雪，日方的斋藤春生队长和中方领队做出了下撤的决定——联合登山队全部撤回大本营，等待时机。下山的路上，中日双方的队员放声大哭。回到大本营的两天，不但未飘一片雪花，反而终日阳光灿烂。梅里雪山似乎跟他们开了一个玩笑。当联合登山队欲再次上山时，山上有的地方突降大雪，还伴有雷电，原来开通的路已被风雪掩埋，山上还不停地出现雪崩。队员们只得眼睁睁地看着登顶良机从身边溜走，如果从头再来，已经没有了体力，没有了决心。中日登山队员遥望梅里雪山，只能抱头痛哭、遗憾终生了。

几年后，随着环保意识的不断增强和相关文化保护措施的发布，国家将梅里雪山定为禁止攀登的山峰。今后的梅里雪山就像那可望而不可及的海市蜃楼，人们只能在云雾缭绕中远远地瞻仰她的美丽风采了。

队员们来到了美丽的梅里雪山脚下，站在刻有 17 位中日登山家名字的纪念碑前，心中默念着他们的名字。愿他们的亡灵与梅里雪山一样浩气长存，愿中日友谊万古长青，愿中日人民的友好世代相传。翻过梅里雪山，汽车进入了西藏的盐井、芒康、左贡，最后我们平安到达昌都。

面包车开上海拔 5000 米的高原

在西藏昌都的大街上，所有的人都用一种异样的眼光看着我们和那辆挂着北京牌照的海狮面包车。一些司机师傅听说车是从北京开到这里的，都认为我们是在跟他们开玩笑，根本不相信，反而认为我们的汽车是用大卡车拉到高原上来的。因为在他们眼中，高原上跑的小车没有不带四轮驱动的。

不管他们信不信，总之，我们的车出现在了海拔近 5000 米的昌都大街上。特别是经过正在修建的世界上海拔最高的邦达机场时，汪道文师傅自豪地说："我的这辆车，是第一个开进世界上海拔最高的飞机场的面包车。"大家也异口同声地说："那我们就成了世界上海拔最高的机场上的第一批客人了。"

平安到达昌都，标志着考察已胜利完成了一半。我们决定在昌都休整几天，其间特别要对车辆进行重点检修。

汪道文师傅不愧是一名尽职尽责、技术熟练的司机，我们平安到达昌都，与他每天对车辆的保养和熟练的驾驶技术密不可分。每天早上出车前半个小时，他都提前检修车辆，加满水，特别是对刹车的检查更是仔细。为了下一段的工作能顺利进行，汪师傅把车开到了昌都地区的一个修理厂，再请那里的师傅帮助检查。说实在的，这里的绝大部分师傅都没修过这样的车，因为高原上没有一辆这样的面包车。只有厂长和两个从四川来的老师傅在四川修过，他们对全车进行了检查，还

▲ 开上海拔 5000 米高原的面包车

特意嘱咐我们从昌都到四川的这段路是最难走的，让我们一定要多加小心；希望我们能创造出一个奇迹，平安驾车回到北京。

从昌都出发，汽车行驶了 20 多千米后开始翻越东不拉山。昌都到四川德格县的公路，有 100 多千米建在东不拉山的山脊上。这里海拔 5200 多米，山脊上、公路路面上终年积雪。公路两侧的很多地段都是悬崖，一旦踩不住刹车，就会掉进万丈深渊。汪道文目不转睛地看着前方的路，小心翼翼地踩着刹车和油门。路难行，天公又不作美。我们出发时还是晴空万里，刚走了两个多小时，天上就雨雪纷飞。车上的人劝汪道文停车休息一会儿，等雨雪停了再走。凭我们多年在青藏高原考察的经验，深知这里的气候变化无常，雨雪不会下很长时间。果然，没过多久雨雪就停了，我们又上路了。但雨雪过后的路更难走了。东不拉山前面的公路是砂石路，下了雨或雪渗透得快，路上不滑。东不拉山后面的路都是土石路，经过这场雨雪，路变得很滑。汪师傅为了大家的安全，尽量把车开得很慢。在一个下坡拐弯处，汪师傅轻轻点了一下刹车，由于路太滑，车很快就横着在公路上转了一个圈，队员们都紧张地拉着前面的座椅，汪师傅赶紧拉了手刹，车才停了下来。我们下车一看，车的前轮离数百米深的悬崖只有十几厘米，每个人都倒吸了一口凉气，两个年轻的队员吓得瘫坐在泥地上。汪师傅这个走南闯北遇到过很多险情的硬汉子，面对雨雪覆盖的东不拉山也流下了苦涩的泪水。我们都理解他，他的责任太大了，车上中日 6 名队员的生命均系在他的身上，稍有疏忽，就会造成车毁人亡的惨剧。他的压力太大了……

看着汽车，看着身边的队友，看着巍峨的群山，我想起了一段不堪回首的往事。

20 世纪 80 年代中期，我们结束了横断山地区云南段的考察，转点到成都。我们一行十几辆 212 吉普车和解放牌大卡车，在川藏线的高山峡谷中穿行。车队经过著名的二郎山一个当地名叫“鬼招手急转弯”的地方时，由于坡陡路窄，道路湿滑，司机一脚刹车踩得急了一点，大卡车一下子横了过去，瞬间掉进了一个 80 多米深的悬崖下，车上坐着的《人民画报社》记者郑长录和司机韩新华被甩出了车外。郑长录当场牺牲，韩新华摔成重伤。今天，还是在这条川藏线上，又上演了使我心惊胆战的一幕。

过了一会儿，汪师傅和队员们的心情平静了一些，我们小心翼翼地把悬崖边的车推正了。为了减轻车上的重量，我们决定徒步走过这段下坡路，让汪师傅一个人在车上慢慢开。在雨雪中我们徒步走了两个多小时，终于走过了这段险路。之后的路都是在高原上面跑了，队员们再次上车。傍晚，我们终于平安到达了四川的德格县。

四川甘孜州的德格县地处云南、西藏、四川三省区的交界处，群山环抱，交通极为闭塞，但在藏族人民的心中，这里极为神圣。这里有一座古老的寺庙——更庆寺，里面有建于清雍正七年的德格印经院，至今已有 290 年的历史。在印经院的库房里存放着 20 多万块印版，这些印版中，有经文，有史籍，有画版，记录了藏族文化中 70% 的古籍。更庆寺用最原始、最古老的方式承担着藏传佛教经书的印刷工作。每年都有一些国内外的人来这里留学取经。

藏族同胞说，德格是神来神往的地方。我们一行 7 人，虽然不是什么神，但经历千难万险终于到了神的地方。信神的人说，神灵一直在保佑我们。不信神的人说，只要努力就能成功。

出了德格就越过了世界上最难行的横断山区，到了石渠就在海拔 4300 多米的高原上行驶了，有的地方一马平川，有的地方漫坡丘陵。车上又恢复了以前的欢乐。

▲ 站在海拔 5000 多米的东不拉山上

在欢笑声中，我们的海狮面包车闯进了三江源；在苦涩中，我们在青藏高原创造了一个奇迹。

5

澜沧江－湄公河上下求索

向澜沧江源头冲刺

扎阿曲被确定为澜沧江的正源后，由于要筹备人类首次徒步穿越雅鲁藏布大峡谷之旅，探寻澜沧江源头的工作暂时停了下来。1998 年雅鲁藏布大峡谷科学探险考察成功后，在中国科学院、中国科协、天津市有关单位领导的关怀下，在天津企业界的大力支持下，由中国科学探险协会、天津德祥（集团）有限公司、天津今晚报社共同组建了 99 中国德祥澜沧江源头科学探险考察队。

此次探险考察旨在确定澜沧江的发源地，并对源头地区的资源、环境进行考察研究。考察队由 8 名科

壮行仪式

研人员和9名新闻记者组成。队长是中国科学院自然资源科考部陶宝祥高级工程师，副队长是中国科学院自然资源综合考察委员会的关志华教授和天津《今晚报》高级记者顾建新同志。

本次考察的主要内容是：确定澜沧江源头的地理位置，如经纬度、海拔高度，河水补给源等，并在源头立碑纪念；研究澜沧江源头地区的地貌、冰川分布与现代冰川特征；研究澜沧江地区的动物分布特征；研究澜沧江、黄河、长江源头地区的资源保护及开发情况。

这次考察将以青海省的玉树为中心，前一阶段重点考察玉树地区澜沧江源头流域的杂多县，后一阶段重点考察玉树地区长江源头流域的治多县、曲麻莱县和果洛地区，以及黄河源头流域的玛多县，时间为40天。

▼ 现代化的考察车队

参加这次考察的科研人员来自中国科学院自然资源综合考察委员会、兰州冰川所、武汉水生生物所和国家测绘局地名研究所。新闻工作者来自中央电视台、中国教育电视台、天津今晚报社、广州日报社、陕西日报社及北京青年报社等。天津德祥（集团）有限公司负责考察队的后勤保障。

澜沧江源头科学探险考察队在北京人民大会堂举行了出发仪式。全国人大常委会副委员长蒋正华、全国政协副主席周铁农等领导出席了新闻发布会，蒋正华同志为考察队授旗。中共天津市委书记张立昌为考察队题词“大力发展科学探险活动，促进经济发展”。

考察队途经西安时，陕西省人民政府为考察队举行了壮行仪式。壮行仪式由《陕西日报》《华商报》和陕西德祥商贸有限公司共同主办。陕西省副省长赵德全、西安市副市长杨士秋及有关方面领导出席。在壮行仪式开始前几分钟，来自西安市的 6 岁小男孩汪攀登，把自己积攒了 2 年多的 60 多元硬币送给考察队，以表达自己对考察队的敬仰之情。据汪攀登的母亲潘淑文讲，孩子从报纸上知道考察队将在西安举行壮行仪式的消息后，昨天一大早就让母亲带他到仪式现场，一定要把自己积攒的零花钱与储蓄盒一起送给考察队，并说他长大后也要去探险，去无人区考察。孩子的行为深深地鼓舞了每个队员，59 岁的关志华教授在壮行仪式上手捧小小的储蓄盒，激动得热泪盈眶：“这是我 35 年科学探险考察生涯中，头一次收到一个 6 岁孩子的捐赠。不要说 60 多块钱，就是 6 分钱，它也代表着孩子的一颗稚嫩的心，代表了陕西人民对我们的支持。”启程时，关志华紧紧地抱着汪攀登小朋友，热泪盈眶。

剧烈的高原反应

1999年7月1日，我们17名队员从西宁出发，踏上了寻找澜沧江源头的漫漫长路，大家心里既自豪又激动。为了这次科学探险考察的成功，考察队准备了当时世界上最先进的海事卫星通信设备、电视现场传送设备、GPS卫星定位系统、激光测距仪、流速流量仪及最新型的笔记本电脑。交通工具也发生了质的变化。天津德祥（集团）有限公司为了这次考察，给我们配置了4辆当时世界上最先进的汽车，包括两辆奔驰面包车及两辆日产丰田4500越野车。祖国十几年经济的飞速发展，使我们科学探险考察的装备也旧貌换新颜。

▼ 考察车队在雨雪交加中缓慢前行

对于此行的困难，我们在思想上、物质上都做了充分的准备。中午到达青海省海南州的共和镇时，我向大家讲了这是我们在低海拔处吃的最后也是最好的一顿饭，晚上将是对我们每一个人的第一次考验，全队将住在海拔 3985 米的玛多温泉兵站。我们目前所在的共和镇海拔 1900 多米，几小时之后我们到达的兵站的海拔将上升 2000 多米。因此，每个人都会有不同程度的高原反应，特别是几个身高体壮的队员。据我多年高原考察的经验，身高体壮的人耗氧量大，高原反应也会更大，所以要少吃东西、少活动。上车以后，大家把现在夏天穿的衣服全部换下来，改穿上冬天的衣服。部分新队员还对我的话半信半疑，认为没那么神吧。

汽车在巴颜喀拉山脉上行进了近 7 个小时，终于在傍晚时分全队到达了温泉兵站。几年前我曾经到过这里，几年过去了它基本没有变化，还是那几排简易平房，只是门外多了一些外地人开的商店和小饭馆。这些商店和小饭馆使这里出现了勃勃生机，孕育了些许现代都市的雏形。中午我们在共和镇时气温高达 32 摄氏度，而这里的气温只

▼ 战胜了高原反应

有 5 摄氏度，天也阴得很。下车后，几个队员感到走路困难，头疼得厉害。原来怀疑我的说法的那几个队员也赶紧穿上了防寒服，还不时地念叨着："怎么一下子就进入了另一个世界。" 1 小时后，队里最强壮最高大的 4 个队员，开始出现强烈的高原反应，特别是身高体胖、爱说爱笑的天津德祥（集团）有限公司的司机刘东，此时的他面色惨白，呼吸困难，说话声音微弱，在寒冷的兵站小屋里开始吸我们带来的氧气。其他3个队员也开始上吐下泻，老队员们主动帮助照顾他们的起居。

夜幕降临，外面下起了雨雪，天气越来越冷。两小时后，刘东的高原反应加剧，浑身冷得发抖，并有些发烧。副队长、天津《今晚报》的顾建新同志问我怎么办。我说："第一，派人到附近打听一下有没有大夫。第二，继续吸氧，并把我们带来的红景天等治疗高原反应的药品多给他吃一些。第三，再过两小时如果不见好，就连夜派车把他送到海拔较低的共和镇，那里有医院。" 其实说这话时，我也特别紧张。我深知在高原上最怕感冒，因为高原上的感冒最容易转成肺水肿，在高原上患了肺水肿是有生命危险的。过了一会儿，兵站的工作人员

▼ 牦牛在风雪中为我们送行

找来一位大夫。大夫听说我们是从北京来的，赶紧说："这病我治不了。当地有个藏族大夫，他家离这里有 10 多千米，你们去请他吧。"我心里明白这个"大夫"一定是一位混饭吃的"江湖郎中"，故赶紧派车去找那位藏族大夫。

半小时后，雨雪越下越大，我们也越来越急……找大夫的人回来了，说大夫到西宁去了。我说："只有最后一条路，再观察一会儿，如果不行就往下送。"过了 1 小时后，心情极度恐惧的刘东慢慢地睡着了，我紧张的心也一下子平缓了下来。我深知最危险的时刻过去了。副队长顾建新对我说："你今天在共和镇说的话都应验了。"我说："这里地理环境特殊，形成了特殊的小气候，凡是到过这里的人都会有高原反应。我在这里进进出出几次了，有了一些经验。这里不能久待，让其他的人赶紧休息，明天继续赶路。"深夜 3 点多的时候，全体队员在雨雪中的简易小屋里迷迷糊糊地入睡了……

第二天早上，昨天高原反应较重的 4 个队员明显好转，刘东也能下地了，只是头还是疼得厉害，队里决定全体队员继续赶路。我心里明白，高原反应最危险的时刻我们已经挺过来了。下一站是玉树，那里的高原反应会越来越轻，因为玉树海拔 3700 米，而且植被好，树木多，空气中的氧气含量高。早饭后车队向玉树进发，我让刘东躺在我坐的车的后排座位上，并对他说："昨天最危险的时刻你都挺过来了，今天我们还要翻越海拔 5082 米的巴颜喀拉山口，过了山口就没事了。头疼是正常现象，我们也疼。心情太紧张是你昨天高原反应的根本原因。"刘东说："陶老师，咱这不是在玩命吗？"我笑着说："这就是科学探险精神，但不是玩命，用一个高尚一点的词叫'奉献'吧！"

车队出发时，漫天鹅毛大雪相送，巴颜喀拉山银装素裹，路上只能见到青藏高原特有的牦牛，它们不时抬起头来仰天长啸，似乎在祝我们成功。

两个不眠之夜

三江源地区地广人稀，平均1平方千米只有0.8个人。我们要去的澜沧江源头地区为一大片沼泽地，是名副其实的无人区，经常有成群的野狼、黑熊出没，同时队员们还要经历电闪雷鸣、雨雪冰雹的洗礼，其危险和困难可想而知。

考察队在玉树休整了两天，队员们的高原反应已基本消除。当地的群众说，今年澜沧江源头地区降雨较多，道路极为难走，特别是从杂多县到莫云乡这260千米的路走起来将更困难。考察队决定让自己带来的4辆汽车原地待

东风大卡车比吉普车更实用

命，在玉树租用当地的 4 辆吉普车和 1 辆东风大卡车。因为当地司机对道路情况熟悉，同时，一旦前方的车辆出了问题，我们还有第二手准备。从玉树到杂多，道路虽然难走，但当天晚上 10 时总算平安到达。晚饭后，在玉树请的司机以没去过莫云为由，坚决不去莫云。后来我们了解到，真正的原因是他们到了这里后听说莫云的路更难走，便退缩了。我们即使多付车费，他们也不去莫云。无奈之下我们只好连夜请杂多县政府办公室主任阿更德玛帮忙，才在杂多县重新租了两辆东风大卡车。第二天，17 个队员及全部物资都装上了大卡车。一些老队员在车上说："我们又回到了 20 世纪 70 年代。70 年代坐卡车，80 年代坐吉普，90 年代坐'巡洋舰'（丰田越野车），今天我们是'借

▼ 大车救了小车

东风’。”另一个队员风趣地说：“其实今天最现代化，我们是‘乘东风’，到莫云就只能骑‘千里马’了。”阿更主任深情地对我说：“希望上天能保佑你们，如果不下雨，你们一天就能到莫云。如果下雨就难说了，去年我们给莫云送救灾物资时，200多千米的路走了9天。”阿更主任的一番话对我们触动很大，我们多么希望是第一种情况啊！希望苍天能给我们好运。

但苍天是无情的，它要是该下雨，一分钟也等不了，该晴天，马上就晴空万里。第一天，一会儿晴天，一会儿阴天，总算顺利。但有一个年轻司机因驾驶技术不高，好天好路车也跑不起来，大半天时间才跑了20多千米。晚上，队里决定用卫星电话与杂多县的县长联系，以请求帮助。县政府马上召开紧急会议，决

▼ 风餐露宿

定再派一辆当地最好的车和一位驾驶技术最好的司机过来支援我们，另外责成县公安局，派以刑警队长更松尼玛带队的4名刑警乘坐一辆公安局的警车连夜出发，为考察队保驾护航。考察队得知这一消息后人心振奋，但瓢泼大雨也随着这一喜讯一起到来了。全体队员在带篷布的大卡车里，你靠着我，我依着他，于雷雨声的陪伴下度过了第一个不眠之夜。

第二天上午，县里派来的大卡车及4名刑警到了，有了他们的帮助，我们总算可以顺利赶路了。头天下了大雨，路面湿滑难行，车经常陷到泥坑里，3个车，你拉我，我拉你，艰难地行进在茫茫的沼泽草原上。车过了代云之后，又下起了大雨，眼看天又快黑了，更松尼玛队长对司机们说："不能误了考察队的行程，连夜赶路到莫云。"汽车在风雨中开到一个河岔口，在河道里走了1千多米，上岸后，天已全黑，雨也越下越大，前面的路已多被雨水覆盖。3个司机和刑警们在大雨中拿着手电筒分头找路。好不容易找到了路，可我坐的第一辆卡车开了没几步，就再次陷入泥坑。雨越下越大，更松尼玛队长与我商量，现在无法拖车，只有等天亮后雨小些了我们再走。我同意了他的建议。两天两夜了我们每个队员都只吃了几块压缩饼干，但大家没有任何怨言，在卡车上，在风雨中，我们又熬过了一夜。

第三天晴空万里，队员们早早地从卡车里走了出来，水资源专家、副队长关志华教授为大家烧了一锅开水，并给每个人都冲了一杯奶粉喝，队员们顿时觉得胃里舒服极了。当我们去请更松尼玛队长也来喝奶粉的时候，却看到让我们热泪盈眶的一幕。原来刑警们的车小人多，更松尼玛队长为了让其他人休息好，他自己穿着雨衣在车底下的泥水中睡了一夜。我拉着更松尼玛队长的手深情地说："太谢谢你了！你应该到我们的车里挤一下。"他说："这没什么，我们藏族人都能吃苦。"寥寥数语，情似千金。

大家齐动手把陷入泥坑的卡车拖了出来，继续迎着朝阳向莫云方向进发。

牦牛、骏马奔源头

莫云是杂多县较边远的一个乡，乡里只有两排简易的平房，四周是土坯垒的墙，院子前方 200 多米处就是澜沧江上游扎曲的一大支流扎那曲。你可不要小看只有两排简易平房的莫云乡，以前来的探险队都在这里安营扎寨，然后再从这里沿扎那曲往上寻找澜沧江源头。1994 年，法国人佩塞尔就是从莫云往上走了 3 天，到了一个当地藏族老乡叫隆布拉（他们把它译成鲁布萨）的地方，就向世人称他们找到了澜沧江的源头。我们找到了给佩塞尔带路的老乡，他向我们详细地介绍了他们往返 5 天的全部经过。我们认为佩塞尔等人在这里留下的是一段不负责任的历史。他们没在澜沧江几个重要河叕上做科学考察，甚至连尕纳松多他们都没去考察，就轻易称某个地区是澜沧江的源头。莫云乡的领导对我们这次考察非常重视，用最快的速度为我们备齐了驮运行李的 42 头牦牛和 27 匹快马及熟悉当地情况的向导。出

整装待发

发的当天，每个队员都兴致勃勃地领到了自己心仪的骏马。民工们也忙着往牦牛身上装我们的仪器设备、帐篷、粮食、蔬菜等物资。

第一个难题出现了，在西宁我们准备了一块高 1 米宽半米重约 70 千克的大石碑，一路都是用汽车拉上来的，现在这么重的一块石碑让一头牦牛，还得用一边来驮困难就大了。我对民工队长讲：“这块碑无论如何也要驮上去，这是我们完成这次考察任务的重要标志。”民

▲ 最辛苦的一头牦牛

▲ 人人都是好骑手

工队长说："您放心，就是用人背，我们也要把它背上去。"他们商量以后，找了一头最吃苦耐劳的牦牛，一个人拉着牦牛，两个人往牦牛身上捆石碑，由于一边受力，牦牛发了脾气，跳起老高，三个人赶紧松绳子，石碑掉在了地上。第二次民工队长想了一个办法，一边放石碑，另一边放两麻袋土豆（共 70 千克），两边一起捆，这次牦牛不发脾气了，只是呼呼地喘着粗气。我见队长的眼圈有些发红，并不断地抚摸着这头牦牛。我仰望着蓝天白云，心里也有点发酸，我想，世上要想做成一件事不可能不付出代价呀！

一切准备就绪，由 42 头牦牛、27 匹骏马、17 名队员、8 名民工向导组成的队伍浩浩荡荡地出发了。还没走多远，42 头牦牛就打了起来，它们来自不同的"家庭"，互相不熟悉，再加上驮着这些耀眼的黄色、白色袋子，顿时野性大发。它们嘴里叫着，你追我，我顶他，阵脚大乱。只见民工队长几声口哨，几声吆喝，很快就将它们驯服了，"真是再烈的马，也斗不过好骑手"。一波刚平，一波又起。大多数队员都是第一次骑马，就是骑马经验最丰富的关志华教授也已十多年未骑了。我是偶尔在旅游时骑过几次马，在高原骑马对我们每个队员来说都是考验。分到马后，每个队员都用不同的方式与自己的坐骑联络着感情，今后的 15 天队员们将与它们朝夕相处。有的在摸着马背，有的在调整马鞍，有的把自己都舍不得吃的

▼ 坡陡路滑只能拉着马步行

巧克力让马吃。这里的马大部分不喜欢这些洋东西，个别吃的也不领这个“洋情”。牦牛队出发后，队员们陆续上马。更松尼玛队长对我的马有些不放心，他把我扶上马又牵着马送了一段路。在爬一段小高坡时，我心里有些慌，忙拉紧了缰绳，这一拉给了我一个惨痛的教训。只见骏马长啸一声，一双前蹄腾空而起，一下就把我从马背上翻了下来，重重地摔在了草地上，摔得我两眼冒金星，所幸未受任何伤。更松尼玛队长帮我把马牵了回来，对我说：“一定要记住，你是在海拔4700米的高原上骑马。马在上坡时，与人在登山时一样，这时一定不要拉缰绳，它上坡时非常吃力，你再拉缰绳，它一定会急，今后上坡一定要把缰绳松开，紧紧抓住马鞍子，这样它才会平安地爬过任何一个高坡。”队长的话和这次事故对我教育很大，在后面的几天中，我始终按队长的话去做，不但没出任何事，而且还总能走在队伍的最前面。

我第一个从马背上摔下来之后，陆陆续续又有好多队员从马背上摔了下来，吃巧克力最多的那匹马“洋劲”最大，将他的主人7次从马背上翻了下来，好在都是沼泽草地，没有摔伤人。

两天后，队员们的骑术均大有长进，同时在摸爬滚打中与骏马也建立了深厚的感情，以后就再没有队员被摔下来，队伍行进的速度也明显加快。

▶▷ 黑水、白水、尕那松多

尕那松多是澜沧江上游扎曲河上两大支流汇合的地方，一条支流是扎阿曲，另一条支流是扎那曲，前者的藏语意思是白色的河，水质清澈甘甜；后者藏语的意思是黑色的河，水质浊黄苦涩。1995 年春季和 1996 年秋季我们两次在这里进行了测量，得出了扎阿曲是澜沧江正源的结论。这次我们是在夏季这一水量最大的季节来到这里的。为了更加慎重和科学，我们将再次测定两条支流哪条是正源。

1999 年 7 月 12 日，我们在尕那松多对扎那曲、扎阿曲再次进行了测量。本打算先让水资源专家关志华教授、周长进副教授乘坐充气船渡到对岸去，但因水流太急，船被急流冲到了下游。岸上的队员忙拉紧系在船舷上的测绳，总算把船拉了回来，队员们的手都划

▼ 扎阿曲与扎那曲的交会地

破了。之后又想了个办法，先由队员骑马过河，把绳子固定在对岸，再由队员江建明和韩毅坐在船上牵着绳子过河。还是因为水流太急，小船再次向下游漂去。韩毅不会游泳，他死死地抓住船边，江建明为了不让小船冲走，死死抓住绳子，僵持了三四分钟，绳子断了，江建明掉进了冰冷的水中。这时小船猛地冲向下游，正在前面的周长进副教授及陕西《华商报》的记者渭浜不顾个人的安危跳入水中，用力将吓傻了的小韩及小船推向岸边。

▲ 关志华教授骑马测流速

▲ 不幸落水

第二次尝试又以失败告终。大家总结了前两次的经验教训，认为不能再用小船测，可改用马代替船，这个办法使之后的测量工作进行得非常顺利。关志华教授亲自骑马下河，经过几个小时的反复测量，终于测到了各种数据。扎那曲宽 51 米，平均水深 0.35 米，平均流速 1.81 米 / 秒，流量为 32.3 立方米 / 秒；扎阿曲宽 62 米，平均水深 0.72 米，平均流量 2.63 米 / 秒，流量为 117.4 立方米 / 秒。

关志华教授在海拔 4400 米的尕那松多兴奋地说："这次我们历经千辛万苦终于再次测定了澜沧江上游的正源，而且这是由中国的科学家和新闻界及企业界的朋友携手完成的。下一步我们要乘胜前进，沿扎阿曲逆流而上，寻找澜沧江真正的源头并立碑纪念。"

第二天，队员们又骑着骏马，赶着牦牛，继续向源头进发。

▼ 在尕那松多时的营地

三人失踪震惊全国

经过几天的长途跋涉，队员们的骑术越来越高。由于个别队员的自满情绪，在前往扎西气娃湖的路上险些酿成大祸。

几天来的消耗使要驮的东西逐渐减少，民工们就将仍需驮的东西集中让一部分牦牛驮。7 月 14 日的上午，没驮东西的 5 头牦牛跑丢了，大部分队员停了下来，帮着去找跑丢了的牦牛。队员杨宝麒、赵迎晨、韩毅骑马走在最前面，他们不知道后面的队员去帮民工们找牦牛了。在没有向导的情况下，他们一直往前走，以为其他队员迟早会赶上来。翻过一座山梁之后，他们消失在茫茫的沼泽草原之中。

下午 4 时多，跑丢了的牦牛找到了，考察队在扎阿曲的上游，昂那曲与扎阿曲的交会处扎了营。部分考察队员又到昂那曲处进行了测量，快吃晚饭的时候，发现少了 3 个队员，考察队马上紧急行动，派几名骑术高的队员分四个方向前去寻找。天很快就黑了，前去寻找的队员们空手而归，大家的心情骤然紧张起来，一种不祥的预感在每个队员的脑海中回荡。队员们在草地上点燃了多支蜡烛，目的是为走失的队友指引方向。中央电视台记者崔恒认为走失的 3 个队员中有他们单位的一位摄像师，其带着一部海事卫星电话，是有可能与中央电视台联络的。小崔赶快用《广州日报》记者带来的另一部海事卫星电话向中央电视台汇报了 3 人失踪的情况，并得知中央电视台走失的摄像师赵迎晨并没有和中央电视台联络过。中央电视台的有关负责人及考察队都意识到问题的严重性，中央电视台在晚间新闻节目中将考察队 3 个队员走失的情况向全国进行了播报。消息播出后引起了全国人民的关注，大家都盼望着这 3 个队员能平安返回。3 个队员走失，使我想起了十几年前去罗布泊考察的科学家彭嘉木先生——他是在大本营附近为了找水而走失的，至今尸体仍没有找到。每个队员都不希望彭嘉木的悲剧在我们这里重演。考察队副队长关志华教授也是心急如焚。晚上 11 时 30 分最后一拨寻找走失队员的人员回来了，还是没有走失队员的消息。天太黑了，已无法继续寻找，考察队迅速召开紧急会议，研究次日的寻找方案，同时决定与中国科学院及中央电视台联系，希望第二天下午 3 时前，如果再没有走失队员的消息，拟请两家单位能尽快向中国人民解放军总参谋部及兰州军区求援，请部队派飞机或派人帮助寻找。

夜已经很深了，每个队员都无法入睡。走失的队员既没有食品也没有帐篷，而且这个地区是海拔 4800 米的无人区，常有狼及其他野兽出没，每个队员都为走失队员的安全揪着一颗心。

第二天凌晨6时30分（由于时差原因，此地比北京晚1个多小时），天刚亮，考察队再次派出 5 个小分队投入寻找走失队员的工作，8 时 48 分，大本营的海事卫星电话传来了令人振奋的消息，二分队发现远处有人及牲畜，他们在继续靠近目标。大本营的队员人心大振，终于见到了曙光。9 时 10 分，二分队再次传来消息，他们靠近目标后，确认不是我们的队员，而是从西藏过来临时放牧的藏族老乡。队员们刚松弛下来的心，一下子又紧张起来了。9 时 20 分，中央电视台的工作人员从北京打来电话，询问最新的进展情况，大本营留守的队员只能如实相告。9 时 38 分，一分队的周长进副教授和中央电视台的崔恒及

三人失踪

四处寻找

多方联系

苦苦等待

一名藏族民工，骑马向大本营疾驰而来，只见他们边跑边喊：“找到了！找到了！找到了……”9时56分，在走失17个小时后，失散的3个队员终于安全地回到了营地。队员们紧紧地拥抱在一起，激动得热泪盈眶。

与队伍走散后，这3个队员迷了路，在茫茫的黑夜里3个人都不知道怎么办好，后来他们只好躲在一处避风的崖角下。天津《今晚报》的韩毅，突然想起来同行的中央电视台的赵迎晨带着海事卫星电话，年仅20多岁刚刚参加工作的小赵也如梦方醒，赶紧从自己包里找出海事卫星电话。真可谓屋漏偏逢连夜雨，船迟又遇打头风，卫星电话虽还有半格电，但已无法正常使用。无奈之下他们决定原地休息，等天亮再说。他们三人中年岁最大的老杨说：“我们三人不能再走了，队伍也一定在找我们，我们三人千万不能再走散，今天晚上我们要把马的缰绳都系在自己的手上，千万不能让马跑了。把棉大衣铺到草地上，今晚就以地当床，天当被睡一宿，小赵年纪小睡中间，我和韩毅睡两边，说句不吉利的话，狼真的来了就先吃我俩。”三人躺下后，由于又冷又饿又害怕，小赵和小韩都无法入睡，只有老杨把“特别能睡”的优点充分发挥出来，一会儿就鼾声如雷了。第二天早晨，小赵发现手腕上系着马缰绳的老杨被马拖出去十几米远，估计是因为马要去远一点的地方吃草，而老杨还躺在地上照睡不误。小赵、小韩怕老杨着凉生病，赶紧把他推醒了。老杨醒后风趣地说：“我这人，就是这点好，天大的事，只要一躺下就全忘了，别人把我抬走卖了都不知道。”一分队的队员凭着三人扔下的几张巧克力包装纸终于找到了他们。

下午2时20分，副队长关志华教授带领的最后一批队员回到了营地。

惊心动魄的21个小时过去了，考察队没有休息，而是认真总结了这次事件，并提出了相应的纪律要求，然后抓紧时间，继续向澜沧江源头进发。

雪山下树起一座丰碑

7月18日，考察队历经千辛万苦，终于到达了扎阿曲的最顶端——果宗木查雪山脚下。果宗木查山脚下有3条小河，一条为拉赛贡玛，一条为拉赛额玛，一条为拉赛巴玛。3条小河的流速、流量、河宽、河长，以拉赛贡玛为最大，考察队就在海拔4800多米的拉赛贡玛河边扎了营。这里已经进入了雪线，全是光秃秃的不毛之地，而且天气瞬息万变。

扎营后，关志华教授带领部分队员不顾连日的疲劳，催马赶往果宗木查雪山为第二天源头立碑做前期准备工作。他们从营地往前走了1000多米，一道奇异的景观出现了，以他们所处的地点为界，往营地

▼ 果宗木查雪山

去的一侧阳光灿烂，另一侧则是狂风卷着雨雪、冰雹。他们面前形成了如浓雾一般的一道帷幕。队员们说，这里真是几里不同天啊。队员们没被眼前恶劣的天气吓倒，快马扬鞭钻进了雨雪冰雹之中……晚上9时30分，他们胜利返回营地，并兴奋地向全体队员报告，前方的一切工作准备都已就绪，明天可以准时确定源头位置。

7月19日清晨，队员们不到7时就全部整装待发，大家都明白，这是一个极不平常的日子，是经历种种磨难、苦苦煎熬20余天终于盼来的，确定澜沧江源头并立碑的大喜日子。上午8时30分，全体队员及同行的藏族同胞带着测量仪器设备及不远千里精心运来的石碑向果宗木查雪山挺进。从营地到果宗木查雪山与拉赛贡玛河的冰雪融化点共8千米，队员们竟用了3个多小时才走完这段艰难的路程。上午11时30分，到达果宗木查雪山的冰雪融化点后，队员们开始了紧张的测量工作。中科院兰州冰川所的研究人员刘腊山继续向果宗木

▼ 澜沧江源

查雪山的冰川深处而去。下午 1 时 30 分，冰川取样及测量工作结束。考察队的科学家经过大量的室内外工作和此次深入无人区的艰苦考察，终于最后确定拉赛贡玛河的最上游（东经 94 度 41 分 44 秒，北纬 33 度 42 分 31 秒，海拔高度为 5224 米）为澜沧江源头。

经研究后，我们认为因地势陡峭，此处不宜立碑，后决定将纪念碑立在果宗木查雪山脚下一块不易发生山体滑坡亦不易被洪水冲击的高地上。在下山的路上，中科院武汉水生生物所助理研究员何德奎发现了一只巨型的野牦牛角。他提议，能否将这一巨型野牦牛角放在即将立起的纪念碑前，这一提议很快便得到了全体队员们的赞同。

下午 2 时 30 分，在果宗木查雪山脚下的拉赛贡玛河边的一块高地上，全体队员及藏族同胞庄严地埋下了由中国科学院、中国科学探险协会、天津今晚报社、天津德祥（集团）有限公司、青海省玉树州人民政府，共同镌刻的高 1 米，宽 0.5 米，厚 20 厘米，重 70 千克的“澜沧江源”红字青石纪念碑，并在现场举行了隆重的揭碑仪式。在仪式进行的过程中，天空突然狂风大作，随后黄豆粒大的冰雹伴着

▼ 在果宗木查雪山脚下取土样

雨雪从天而降。队员们说，此时的冰雹和雨雪是苍天给我们最大的祝福。之后，队员们忙着在碑前留影纪念，藏族同胞则在碑前跳起了欢快的舞蹈。十几分钟后，雨雪全停，晴空万里。刚刚立起的石碑和我们每一个队员都经受了这场风雨加冰雹的洗礼。“澜沧江源”几个鲜红的大字，在灿烂的阳光下更加熠熠生辉。队员们虽然身上流着汗水、脸上流着泪水，但心里却充满了胜利的喜悦。大家都不约而同地互相拥抱，并高喊着：“我们成功了……”中央电视台的记者将这一具有历史意义且激动人心的场面记录了下来，并现场传送给了中央电视台。中央电视台于当晚 6 时 30 分接收到全部图像资料，6 时 45 分经电视台领导审查通过后，7 时在中央电视台《新闻联播》节目中，将确定澜沧江源这一重大地理发现向全国及全世界进行报道。

第二天，中国科学院、天津市人民政府、青海省人民政府、中国工商联等单位陆续给考察队发来了贺电。

中国德祥澜沧江源头科学探险考察胜利结束。全体队员认为我们的苦没有白吃，罪没有白受，我们使奔流了千万年的澜沧江成了有源之水，我们在澜沧江源头树起了一块历史的丰碑。

▼ 向世界宣布确定澜沧江源这一重大地理发现

“土人”凯旋在黎明

在澜沧江源头胜利树碑后，考察队决定第二天返程。第二天清晨对16个队员来说既兴奋又难受。兴奋的是今天中午就能到达莫云乡了，而且还有一辆东风大卡车来接我们，这些天马背上的生活就要结束了。难受的是我们已经弹尽粮绝，一点吃的东西都没有了。大家以最快的速度拆卸帐篷，装好行李，每人喝了一碗白开水，骑着骏马向莫云方向出发。虽说没有吃早饭，但大家有说有笑，你追我赶，经过5小时的策马奔腾下午两时多就到达了莫云乡。乡领导和藏族群众从家里拿了一些青稞面做的饼子给我们吃，我们狼吞虎咽地往肚子里填，连口水都顾不上喝。队员们为了感谢这些天与我们同甘共苦的藏族老乡，纷纷拿出自己御寒的衣物送给老乡，并同他们依依话别。

下午3时多，队员们匆匆爬上东风大卡车继续赶路。由于只有一辆带篷的车，又装上了很多行李和仪器设备，再坐上16个队员，显

▼ 全体队员挤进一辆大卡车

得十分拥挤。水利专家周长进和《陕西日报》的记者袁景智，因怕自己带的器材受损而坐在了较宽松的卡车尾部。谁知道，这一简单的做法却给他们带来了终生难忘的回忆。

莫云乡离我们考察队的大本营杂多县城有 260 多千米。来时因赶上下大雨，我们走了两天两夜。今天阳光明媚，队员们都说是老天祝愿我们早日回家。卡车刚一开出莫云乡，队员老姜就坏笑着说："陶队长说了，9 月份再组织一支考察队来这里，哪位报名参加？"车厢内一片寂静，对于老姜的问话，大家面面相觑，无奈地摇头苦笑。大家深知，这次澜沧江源头科学探险考察实在太苦了。队员们光骑马就连续骑了 16 天，屁股先是被磨破，后是被磨出了老茧。途中不知翻越了多少座山梁，穿越了多少片沼泽地，趟过了不知多少条河流、小溪。一路上升的海拔高度实在让人恐惧，从 3600 米到 3900 米到 4800 米再到 5100 米着实让人难受，不少队员出现了头疼、呕吐、心慌、胸闷等高原反应，根本无暇欣赏一路上大自然的美景。吃饭的问题更大，由于路况极差，从杂多县到莫云乡的行进过程中，一桶汽油被颠漏，导致车上放的大米、挂面、方便面被"污染"。做饭时，细心的人会把大米

▼ 下车洗洗脸

在水里多泡些时间，多淘几遍；粗心的人做饭就不是这样了，洗一遍就做，大家只能将就着吃了。由于行程太长，车上装的新鲜蔬菜全部烂掉了，本来一日三餐，也只好改成一日两餐，饭菜也只是土豆、榨菜、午餐肉、挂面放一起乱炖，特别是最后一顿早餐竟是白开水。老队员关志华教授说："人类首次徒步穿越雅鲁藏布大峡谷的科学探险考察是累，这次科学探险考察是又苦又累。"好几个晚上都在海拔5000米以上支起帐篷安营扎寨过夜，再加上吃饭困难，我们过得真艰难啊！大家的体力确实消耗很大，好几个人嘴上都起了泡，连说话都比较困难。爱开玩笑的小刘风趣地说："此次野外考察我的脂肪肝算是彻底治好了。"

由于没有下雨，路况比较好车子开得较快，车身颠簸得很厉害。卡车刚刚开了半小时，我们就感觉屁股疼。于是大家赶紧站起来两手抓住车帮，两腿呈马步式，但这种姿势仅仅维持了半个多小时就累得不行了，只好又坐了下来。大家一边紧紧地将电脑和器材抱在怀里，一边用两腿使劲与车的颠簸对抗。慢慢地对抗处于下风，整个身体也不听指挥了，任由车子来回调拨，忽高忽低、忽左忽右。我们犹如在大海中的小船上坐，正遇到狂风巨浪，时而被抛上浪头，时而跌入浪底。特别是卡车遇到下坡时，行进速度加快，车子颠簸得更加剧烈。我们不得已赶快取出睡袋垫在屁股下，再找了一些软东西垫在后腰位置，以防止车子左右摇晃碰伤腰部。但仅仅过了一会儿屁股底下的睡袋和后腰的软垫就偏离了原位。无奈之下，几个人又将藏族司机的大棉被找出来垫在车厢底部，再将我们的小睡袋放在上面，然后用屁股压住。但仅仅一两个回合睡袋就又偏离了座位，只得再次把它们垫回原位，一路上就这样不断重复这个动作，时间持续了十几个小时，颠得我们双手麻木、浑身无力。更难受的是我们一路上都在持续遭受卡车高速行进过程中卷起的滚滚灰尘。脸上、头发上、鼻孔中、口腔里全是土，我们都成了"土人"，途中不得已几次到河边清洗脸上的灰尘。周长进和《陕西日报》的袁景智（我们都叫他老陕）坐在车的最后面，所以他们吃的土是最多的。

第二天凌晨5时多，我们胜利到达了杂多县城，每个队员也都从“土人”变成了“土豪”，尤其是周长进和老陕，连模样都难以辨认了。一个队员下车时用手电照了照老陕并幽默地说：“老陕你够棒的啊，今天不但把三江源的土吃美了，而且把屁股也颠舒服了。”只见老陕对着群山无奈地摇了摇头。

杂多县的县长一夜未眠，亲自来县城的招待所接我们。他深情地对我们说：“大家辛苦了！前两天在电视上看到你们找到了澜沧江源头并立碑纪念，我代表杂多县各族群众，向你们表示衷心的祝贺和感谢。大家先到招待所洗一洗，然后吃点早点休息一下，中午12时县委在县委餐厅为大家接风洗尘。”听了县长的话队员们身上的困、饿、累消了一大半，一股暖流涌上心头。12时队员们准时来到县委餐厅，县委书记和县长为我们准备了酥油茶、青稞酒和一桌丰盛的菜肴。我们喝着酥油茶，品着青稞酒，吃着美味的菜肴，谈论着考察过程中的奇闻趣事。酒足饭饱后，老姜又说：“老陶说了，明年计划的三江源科学考察谁参加？”队员们齐刷刷地举起了双手，连声说：“我参加，我参加……”

爽朗的笑声响彻小餐厅，这笑声仿佛在三江源的雪域高原上回荡，又像在青藏高原的深山峡谷中穿行。

丰盛的午宴

开启澜沧江－湄公河科考

澜沧江科学探险考察结束后，我们心中总有一个美好的心愿：澜沧江－湄公河是一条国际河，上游的澜沧江经过10年的多次考察，我们已经揭开了它的神秘面纱，但什么时候我们能考察其下游的湄公河呢？什么时候我们能站在澜沧江－湄公河的入海口呢？这个美丽的梦想，让我们魂牵梦绕了10年。

2009年8月2日经过多年努力，由我所在的中国科学院国际学术交流中心与今晚传媒集团及天士力集团共

▼ 夕阳下的湄公河

▼ 壮美的湄公河

同在天津召开新闻发布会，宣布将在澜沧江探源10周年之际，共同开展湄公河国际科学考察。

湄公河流经老挝、缅甸、泰国、柬埔寨、越南等国，是著名的国际河，更是我国与东南亚各国联系的重要纽带，被称为东南亚地区的第一大河。

湄公河这个名字出自泰语，意思是“众水汇聚之河”。湄公河在中南半岛的流程可分为上游、中游、下游和三角洲。上游从中国的边界到老挝的万象市，长1053千米，流经的区域海拔200~1500米，地势起伏较大，主要为山林。从万象市到巴色市是湄公河的中游。从巴色市到柬埔寨的金边是湄公河的下游。从金边以下到越南的入海口属于三角洲范围，这一范围的河道分支特别多。湄公河在金边城东接纳淡水江以后分成前江和后江。金边附近有4条河在此相汇，柬埔寨称这段湄公河为“四臂湾”。湄公河进入越南南方，陆续分成6支，最后由9个入海口入海，所以越南称三角洲上的湄公河为“九龙江”。

这里也是越南的鱼米之乡。

▲ 用最先进的设备考察湄公河

10年前，我们探寻并确认了奔腾千万年的澜沧江－湄公河的源头。10年后，日新月异的中国发生了翻天覆地的变化，澜沧江－湄公河对中国及东南亚各国的政治、经济、文化各领域的影响也日益加深。在这个大背景下，我们组织湄公河国际科学考察，既是对10年前澜沧江科学考察的继续和深入，也是对湄公河这一区域山地生态、生物多样性、自然环境等领域的进一步研究，考察意义重大。同时对我国西部沿边开放及发展与东盟各国的政治、经济、文化等领域的合作也具有重要影响。新闻发布会后，我们的心情既兴奋又紧张。兴奋的是10年来的梦想就要变成现实了，紧张的是湄公河与传说中的金三角、海洛因、大毒枭、抢劫、枪杀紧密相连，看来这次考察是梦想与危险并行。

"金三角"

11 月 26 日我们在忐忑中踏上了征程。队员们在我国西双版纳的景洪海关办理了出境手续。因景洪段的河水浅，不能通航，我们乘车到了橄榄坝才能乘船沿江而下。到了橄榄坝，我见江边停着一只小船，心想这就是陪同我们在湄公河考察的唯一交通工具吧。到了船边，让我大吃一大惊，船的上方醒目地写着五个红色大字"金三角 8 号"！"金三角"！怎么坐的船的名字都是"金三角"呢？我想"金三角"可能就是湄公河中的恶魔吧！看来我们只能与"恶魔"同行了。船过我国国境约 5000 米后，东岸是老挝，西岸是缅甸，湄公河这时才成为真正的国际性河流。河道上来来往往行驶着各国的船只，有客船，有货船，有客货两用船，一派祥和繁荣的景象。但船员们告诉我们，到了夜里这里就是恶魔出没的地方，那些毒枭们经常在这一河段进行毒品交易、抢劫、杀人，每年都会出几起大事件。我想这可能就是金

乘"金三角 8 号"考察金三角

三角——机遇与罪恶并行之地。

往两岸望去，沿河的植被与我国有很大不同。我国境内大部分土地已种上橡胶，有的已成林，几乎没有天然林了，而境外除岸边是竹林和热带藤灌外，远处还是郁郁葱葱的天然林，只有少数地块栽种有果树和柚木。

船在泰国的清盛靠岸，这里原本是一个不起眼的小村，因地处泰国、老挝、缅甸三国边境的核心区，特别是湄公河开通航运后，旅游业迅猛发展，使这里成了一个经济繁荣、人口众多的现代化都市。由于泰国境内禁止赌博，泰国的有钱人在紧靠泰国国界的缅甸境内建起了豪华的赌场，老挝一侧的会晒也在建赌场，形成了赌博在老挝会晒、缅甸大其力，吃喝玩乐在泰国清盛的格局。

湄公河水道的开通带动了沿岸的经济发展，促进了我国与东南亚各国的友好经贸往来，这对我国既是发展的大好机遇，同时也意味着巨大的挑战。

十几年来，我国的科学考察技术得到了飞速发展，特别是在电子信息、卫星遥感、移动通信、航天技术等领域已进入世界先进行列。这次科学考察，中科院地理所的吕宁副研究员带了一台我国自主研制的新一代野外移动信息作业系统。“这里是东经 100.81 度、北纬 21.99 度的景洪橄榄坝码头，即刻开始卫星遥感信息比对……”说话间，队员手中的仪器上便显示出了当前地点的高精度卫星影像。这种最新的野外移动信息作业系统仅有一台普通手机般大小，但它却“十八般武艺”样样精通。GPS 卫星定位、高精度卫星影像地图下载、超高相素实景拍摄、卫星地图与实景照片比对、高速数据传输……与地理资源类考察相关的一系列工作，它都能胜任。正因为有了它的帮助，我们这次考察再也不用带着大包小包的测量仪器了。几分钟前，吕宁还用它获取了湄公河流域经济林分布的最新信息，并第一时间传送到了北京中科院的终端数据库中。

“快看，这条鱼有着长长的胡须、尖尖的牙齿、青黄色的身子……

没错，它就是巨魾！”考察队中的专家在湄公河中游欣喜地发现了濒临灭绝的世界上最大的淡水鱼——巨魾，并成功提取了其分子样本。下一步将进行 DNA 比对，进一步研究其生活习性，从而更好地保护这种“生在澜沧江、长在湄公河”的著名鱼类种群。中科院武汉水生生物所教授、水生生态学家陈毅峰认为，对于鱼类来说，富含多种生物营养成分的澜沧江－湄公河与巴西的亚马孙河齐名，都是“水生生物的天堂”，均非常适合鱼类繁衍生息。巨魾是著名的跨国洄游鱼，每年春季，它们便沿湄公河逆流而上，抵达我国云南附近的澜沧江水域产卵。待小鱼苗成熟后便沿澜沧江而下，游至湄公河生长，它的寿命可达 40~50 年，最长可长到 2 米多，重量可超过 200 千克，本次发现的是一条刚刚成年的巨魾，因此身材甚是“娇小”。

2006 年，当地渔民曾在湄公河捕获一条长 2.7 米、重达 293 千克的巨魾。它迄今为止仍保持着世界最大淡水鱼的记录。由于过度捕捞和栖息地萎缩，其种群数量逐年锐减。据预测，目前全世界成年巨魾已不足千条，接近灭绝边缘。

与巨魾一起减少的还有另一种本地特有的植物——罂粟。

▼ 鱼类专家发现“巨魾”

湄公河畔，泰国清盛县索叨区的标志是一座颇有气势的石牌坊，其用雕刻精细的大理石建成，拱门上方的造型像一朵罂粟花的断面，上面刻有“金三角”的示意图。

罂粟花，妖艳欲滴，背后却隐藏着猛于虎狼的罪恶，每年超过10万个鲜活生命因受它的毒害而离开世界，我们在与“金三角”毗邻的港口城市清盛附近的泰国一侧发现，曾经遍布山野的罂粟花，如今已只是星星点点，取而代之的是大片的烤烟、咖啡等经济作物。队员们将现场实景照片与历年卫星遥测数据比对后发现，近年来由于周边国家不断加强禁毒工作，目前“金三角”地区罂粟的种植量正逐年锐减。特别在泰国一侧的“金三角”地区，如今罂粟花已基本销声匿迹，昔日的“罂粟天堂”变成了烤烟、咖啡、柚木等经济作物的绝佳种植地。曾把种植罂粟作为主要经济来源的当地村民帕西告诉我们，如今种植烤烟，可享受政府补贴，收入并不低。根据与历史资料的对比我们发现，目前烤烟、咖啡等高附加值的经济作物已取代罂粟成为“金三角”众多山民新的经济来源。罂粟变烤烟，受益者并不仅仅是农民。经济作物的下脚料，还带动了当地手工业的发展，植物纤维织成的土布、地毯以及用桑树皮造出的纸张都有不错的销路，进而改善了当地居民的生活。当地老乡谈到这些变化时，无不感谢中国政府，他们说：“是中国人给送来了经济作物的种子，并教会了我们种植技术，我们永远感谢中国政府和中国人民。”

罂粟种植面积的减少并没有阻止一些人对利益和金钱的贪婪，一些大毒枭的灭亡也没有阻止一些小毒枭们铤而走险的脚步。

泰缅边境小城大其力仍充斥着毒品、贫穷、暴力、战乱……“金三角”3个字看似简单，背后却蕴涵着许多特殊含义。昔日疯长的罂粟花虽已凋零，但阳光下涌动的暗潮，依然令人紧张得喘不过气来。“3分钟后，我们将进入‘金三角’核心区。我再一次提醒大家，待会儿都要提高警惕，留心有意靠近你身边的陌生人，不要帮任何人拎包。记者们不要随便照相、摄像，更不能透露自己的身份。这几点，大家必须严格遵守。若不然，轻则带来麻烦，重则会有生命危险，这并不是开玩笑。”远远望见“金三角”的核心重镇——缅甸大其力，缅方给我们带路的翻译向导小张把早已嘱咐多遍的注意事项再次向我们重申。

泰缅边境小城大其力，十多年前，曾作为国际大毒枭坤沙的大本营，当时全球近70%的毒品是从此地被贩运出去的。穿过城边的铁护栏，眼前不同肤色、不同语言的行人，一下子多了起来。他们有的夹紧背包行色匆匆，看上去表情凝重。有的两手空空、左顾右盼，像在寻找着什么。街道两旁，荷枪实弹的军警随处可见，他们三五成群，或坐或站，鹰隼一般的眼神不时扫过身边的人群。“这里是大其力最热闹的步行街，以前也曾是著名的毒品交易市场。大家自由活动，随意逛逛，但要格外小心。”向导又一次叮嘱队员们。

熙熙攘攘的市场中，翡翠、珠宝、食品、服装、音像制品……各种商品琳琅满目，摊位一个挨着一个，行人更是摩肩接踵，耳畔充斥着英语、泰语、缅甸语。考察队的一名记者，刚刚拿起一件木雕端详，突然感觉衬衣后摆被轻轻拽了一下。回头一看，一个面色棕红的东南亚小伙子，身上斜挎着一个塑料筐，筐里全是世界各地的名牌香烟。

▶ 大其力的步行街

记者警惕地扭头便走。那人却膏药般黏在记者身后，趁人不注意，他从袖口中抽出一个火柴盒大小的透明塑料包，里面是 10 多片蓝色的小药片。“ICE、ICE（冰毒）……”他一直尾随记者好几百米才作罢。之后半小时内，记者接连碰到了 3 个兜售蓝色药片或红色颗粒的小贩。回来一问，其他队员都有相同的遭遇。阳光下的“金三角”，仍旧处处充满陷阱。街边那些毫不起眼的行人、商贩，都可能是涉毒人员。那些烟贩兜售的蓝色药片，很可能是冰毒，而红色药丸则可能是摇头丸。之所以绝不能帮人拎包，是因为个别毒贩会趁人不备，在毫不知情的游客背包中藏毒，使之成为他运毒的工具。听了向导的解释，大家顿时觉得后背一阵阵发凉。

为了防止发生意外我决定尽快结束“金三角”的考察，第二天，全体队员乘船向老挝的琅勃拉邦方向出发。

我们是幸运的，安全经过了大其力。但第二年，就在“金三角”地区，我们曾考察过的湄公河上，发生了震惊世界的“湄公河惨案”。“金三角”地区的头号大毒枭糯康及其同伙，将 13 名无辜的中国船员杀死在了湄公河上。随后中国警方联合缅甸、老挝及泰国警方一举将糯康贩毒集团全部歼灭。

▼ 神秘的大其力

▶▷ 清晨的布施

琅勃拉邦在湄公河和南坎河的交汇处，公元 1353 年澜沧王国在此建都，这里也是老挝的古都，有近千年的历史。域内有多处精美的佛教寺庙，城郊群山耸立，山清水秀，是老挝的旅游胜地。我们到达时已是傍晚。饭后 8 时多，正好赶上此地的夜市开市。沿街拉起的电灯，长达 2000 余米。摊位就摆在灯下街道的两侧，中间留有人行道。夜市卖的多数是手工艺品，如木雕及当地产的织物。许多碧眼金发的欧美旅游者在选购商品，熙熙攘攘，热闹非凡。

第二天早上 6 时半，天色朦胧中我们来到大街上，参加并感受广大信徒为出家人布施的盛况。小乘佛教的出家人是吃百家饭的，而且过午后一般不能再吃饭，所以一早就走出寺庙接受信徒的布施。这本是小乘佛教的传统，各地相同，并没有什么新鲜，但此地庙多、僧多，差不多同一时间内和尚们均走出自己的寺庙，鱼贯而行领受布施，满街黄衫飘飘，成为当地一景。居民和相当多的旅游者，向小贩购得米饭、水果等食物，或跪或盘腿坐在地上，当僧众经过面前时就将买的米或带来的食物，放在僧人的钵里。有意思的是当地贫穷人家的小孩，紧随和尚身后向他们要布施，一些僧人也回头随手将得到的布施分一点给小孩。因此受惠的已不仅是众僧，还有小贩和贫穷的人家，真是功德无量。

湄公河在琅勃拉邦以下只能分段通航，于是我们改乘汽车。在万荣住一宿后，第二天到达老挝的首都万象。在此，我们访问了湄公河流域管理委员会，并探讨今后与其合作的可能性。该组织由越南、老挝、柬埔寨、泰国 4 国出资，于 1997 年成立，由 4 国共同管理。管委会成立后提出了很多的计划，但还未做多少实际工作。他们很欢迎我们来访，且对我国境内澜沧江流域的水电开发情况，表现出极大兴趣。

探访湄公河中下游

从万象南下，我们来到占巴塞省的省会巴色。

巴色是老挝第三大城市，也是老挝通向柬埔寨、泰国的水陆交通要道。这里紧靠位于占巴塞、色拉湾和阿速坡之间的波罗芬高原，相距仅 50~60 千米，高原面的海拔 1100~1300 米（最高海拔 1877 米），年平均温度 25 摄氏度，年降雨量最高达 3749 毫米，平均约 2500 毫米。高原由大面积新生代的玄武岩构成，在高温湿润的条件下，地表覆盖了一层砖红壤构成的风化壳。水系发育较多，均由高原向四周放射状流淌，形成许多著名的瀑布。沿河流和瀑布周围保存有大面积的多已被划为森林公园和自然保护区的热带雨林。

从老挝的巴色南下，3 小时即可到达柬埔寨的口岸。这个小口岸只有用木材和竹子搭建的两间平房，与一般老百姓的住房无异，如果不是当地的翻译介绍，我们还以为是公路上一般的检查站，根本不知道这里就是边境海关。我们办理过关手续后，对行李未做任何检查就让我们过境了，非常简便。这是我到过的世界上最简陋、最便利的边境口岸。

在柬埔寨境内的湄公河上考察时，考察队分乘 3 只小船，途经桔井附近时，队员们有幸遇到了世界级濒危保护动物——伊洛瓦底河豚。

“快看，那是不是鲨鱼？”不知谁喊了一句。寻声望去，只见大约 15 米远处有一个三角状、类似鲨鱼背鳍的物体正在水面急速游弋。“淡水里怎么会有鲨鱼？”队员们表示怀疑。那个背鳍附近突然发出一阵“哧、哧”的响声，紧接着一条长约 1.5 米、通体银灰、长着类似“鱼雷”一样圆脑袋的“怪鱼”一下跃出了水面。队员们顿时凝神静气，只见那“怪鱼”在空中低低地划出一道弧线，不足半秒钟，便

▲ 湄公河中淘气的大河豚

一个猛子扎进水里。“大家都打起精神，河豚出现了！待会儿尽量别出声，它马上还会出水换气。”中科院鱼类专家陈教授兴奋地说。这时，船主关闭了引擎，大家全神贯注地紧盯着水面。“哧、哧”，一只一米多长的河豚在距离船尾约5米处跃起，几乎同时，紧挨在它身边，一只半米多长的小河豚也跳出水面换气。可是，等队员们听见声音转过身子，还没来得及按动快门，那两道银灰色的身影已扎入水中。“都别急，只要判断好它们的运动轨迹，照相的机会多得是。”陈教授安慰大家。果然，不到30秒，那两只河豚再次跃起，不过这次是在距离船头10米处的地方。

在湄公河流域最大的湖泊——洞里萨湖上考察时，我们见到了终年漂在水上的神秘村落。搭在烂木版、废油桶上的“水上茅屋”和破木船，就是这些村民的家。这里除有水上市场、水上警察局、水上商店外，还有水上医院等建筑。这里居住的是世代逐水而居的水上人家，他们极少与外界接触，过着半隐居的生活。当地向导乌塞指着漂浮在水面上的一排排茅屋说：“几块烂木版或几个废油桶绑在一起，就是‘地基’，再配上些茅草和木桩，就搭成房子了。房子四周水中的那些竹竿，就是起固定、支撑作用的‘锚’。”远远望去，一间间“水上茅屋”前，村民们正各自忙碌着。四五个光着上身的男子在织补渔网；一位年轻的妈妈斜倚在吊床中给孩子喂奶；十几个孩子光着身子坐在大铝盆中，顺水而漂，嬉笑打闹；三个上了年纪的老太太盘腿端坐，正在收拾刚刚晒好的鱼干……

队员们正凝神观望，陶醉其中，这时从茅屋旁驶来一条小船，一个七八岁的小男孩熟练地划着木桨，友善地跟大家打招呼。小船靠近了，他一边说着土语，一边比画着。他说：“我叫萨恩，奶奶说，如果大家感兴趣的话，可以到我家看看。”队员们跟着萨恩走进茅屋，只见屋里的陈设极其简单，除了三张吊床、两张渔网和一些锅碗瓢盆之外，再没有其他家具。唯一的电器就是屋角的一台锈迹斑斑的收音机。“扑通”一声响，正坐得好好的萨恩忽然走出屋子，一个猛子扎进水里。“他这是怎么了？”队员们好奇地问。“没什么，他只是去准备晚饭了。”萨恩的奶奶不紧不慢地说。等大家走出茅屋时，萨恩已经钻出水面，双手攥着一条30多厘米长的大鱼。“这里的孩子2岁就开始学习游泳，4岁就会划船、捕鱼，到他这个年纪已经是捕鱼的高手了。”乌塞说。“你们为什么不搬到岸上住？”队员们说出自己心中的困惑。“上岸？为什么？”面对队员的疑问，老人很不理解。“这里什么也不缺，虽然日子清苦些，但只要有鱼吃、有活干，就足够了，大家都很快乐。我已经5年没有到过陆地上了，晚上要是没有波浪相伴，我会失眠的。”

▲ 洞里萨湖上的水上人家

夕阳西下，“铛……铛……”一阵悠扬的钟声响彻湖面，那是水上学校放学了。孩子们各自撑起小船踏上归途，渐渐融入湄公河那金色的柔波里。没错，对洞里萨湖上的人们而言，这里就是天堂。

在柬埔寨的首都金边，我们拜访了皇家大学和农林渔业部，均受到热情的接待。农林渔业部副部长带领各部门负责人分别介绍了相关情况。

在柬埔寨的考察结束后，我们乘车前往越南前江省。这里的路虽不是高速公路，但路况好，平坦通畅。只是在边境口岸入关时整整排了一个多小时的队，行李检查也非常严格，比在老挝、柬埔寨麻烦了许多。

第二天上午访问前江省农业厅，其负责人介绍了该省农业的发展情况。该省是越南有名的农业大省，位于由湄公河上游夹带着大量森林地带腐殖质土冲击成的平原，土壤肥沃，物产丰富。这里主产水稻，年产量可达 130 万吨，其次是水果，主要品种有芒果、红毛丹、奶油果、龙眼、菠萝、火龙果、椰子。

下午去椰子岛考察。这里就是湄公河的入海口，河道分成了 4 股，河中轮船来来往往，一派繁忙景象。

站在澜沧江－湄公河的入海口，我们的心情久久不能平静，整整 20 年了，终于从澜沧江－湄公河源头走到了入海口。我对着澜沧江－湄公河激动地大声说：“此生无悔！梦想实现！”

▲ 此生无悔

6

建立三江源国家公园

三江源告急

20 世纪 90 年代以来，我国长江、黄河下游地区生态环境遭到严重破坏，长江中下游地区洪涝灾害频发，黄河流域干旱缺水，经常造成下游断流。水土流失、土地沙化、干旱缺水已严重制约中国经济的健康发展，江河流域生态环境问题已经成为中国 21 世纪可持续发展的心腹大患，而这些又与江河上游及源头地区生态退化、植被破坏密切相关。

十年来，我们多次深入三江源地区，目睹了其中一些地区环境演变的过程。我们认为三江源地区生

▼ 三江源河流水位下降

态环境恶化主要表现在如下几个方面：源头地区大面积的优质草场退化；一些地区沙化及水土流失严重；水资源减少，湖泊、冰川、沼泽退缩；鼠害肆虐，沙化加重；无序的黄金开采及冬虫夏草的采挖对草原生态破坏极大；珍稀野生动物被盗猎的情况十分严重。

2000年，党中央国务院做出了西部大开发的战略决策。西部大开发的首要任务之一就是生态环境建设，这是关系到21世纪中华民族生存与发展的重大问题。国务院召开的西部地区开发会议，已把西部地区水资源的合理利用，加强生态环境的保护和建设放在头等重要的位置。生态环境建设中极为重要的一项战略任务就是加强江河河源地区和上游生态环境的保护和建设。西部地区是与大江大河流域生态环境治理关系最密切的地区，是自然条件恶劣、生态极为脆弱的地区，为了贯彻党中央的战略决策，满足国家可持续发展的需要，应把"开发大西部，保护三江源"当作头等大事来抓。三江源地区的保护不仅可为西部地区的开发提供重要支撑，也可为全国的经济发展及东南亚各国人民的生存质量提供重要保障，这是造福当代惠及千秋的伟大事业。

2000年1月17日，在党中央西部大开发的方针指引下，结合我们在三江源地区多年的所见、所闻、所想和考察实践，由我起草，以中国科学探险协会主席高登义和我的名义向党中央及国务院有关部门，提交了建立"三江源自然保护区"的建议。建议原文如下。

建立"三江源自然保护区"的建议

· 三江源地区概况

长江、黄河、澜沧江－湄公河均发源于青海省的玉树藏族自治州。全州土地面积约29.9万平方千米，人口约25万人，藏族人口占96%。

玉树州北有昆仑山南有唐古拉山，两条山脉的余支在玉树地区纵横交错，绵延数千千米，孕育了无数的大小河川，给野牦牛、野驴、藏羚羊、黑颈鹤等大批珍稀野生动物提供了栖息地。我国第一大河长江就发源于玉树州治多县各拉丹冬雪山的姜根迪如冰川。第二大河黄河发源于玉树州曲麻莱县麻多乡的各姿各雅雪山。重要的国际河澜沧江－湄公河发源于玉树州杂多县杂青乡的果宗木查雪山。3条河的水源大量补给区是玉树地区的杂多县、治多县、曲麻莱县、称多县、玉树县及果洛州的玛多县。

水是人类生存的基本保证，三江源地区对我国及东南亚各国的经济发展起着重要的作用，为此，加强该地区的生态保护意义重大。目前，三江源地区的六县，生态环境有进一步恶化的趋势。生态环境存在的主要问题是：1. 个别地区大面积的优质草场退化；2. 个别地区沙化严重；3. 鼠害肆虐；4. 珍稀野生动物盗猎严重；5. 无序的黄金开采及冬虫夏草的采挖。以上5个问题已经对当地的生态环境造成了威胁。

· 建立“三江源自然保护区”的意义

党中央国务院做出了西部大开发的英明决策，西部大开发与可持续发展是关系到中华民族生存与发展的重要课题。西部地区是与重要江河治理关系密切的地区，是自然条件恶劣的地区，是贫困人口集中的地区，是发展区域经济途径极为狭窄的地区，是地方财政异常困难的地区。因此，在实施西部大开发战略的过程中，要把西部地区经济发展与环境治理作为同等大事来抓，为了国家可持续发展的需要，应把“开发大西北，保护三江源”当作头等大事来抓。三江源地区的保护不仅为西部地区的开发提供了重要保证，同时，也为全国的经济发展及东南亚各国人民的生存质量提供重要保证。

· 建立“三江源自然保护区”的认识基本统一

建立“三江源自然保护区”这一构想，很多单位及有关专家学者已经形成共识，中国科学院最近提出加强西北地区水资源开发利用与保护的研究；国家环保局拟提出在长江、黄河建立特殊生态功能区的构想；国家林业局提出了在大江大河的源头地区筹建保护区的计划；青海省也支持建立“三江源自然保护区”的建议。为此，提出建立“三江源自然保护区”的动机和条件已经成熟。

· 建立“三江源自然保护区”的设想

建立“三江源自然保护区”将涉及青海省玉树地区的杂多县、治多县、曲麻莱县、称多县、玉树县及果洛州的玛多县。其中有些县是全部被纳入自然保护区，有些县是部分被纳入自然保护区。在大保护区内可考虑建立三种不同的区：1. 全封闭区，主要包括重要河段区及部分珍稀野生动物栖息区。2. 半封闭区，在牧草承载能力允许的条件下，允许牧民在这一地区内放牧。3. 开放旅游区，玉树地区有历史上著名的唐蕃古道（是文成公主的进藏线），是发展文物古迹游与生态旅游最好的地区。同时开发旅游业也是玉树地区发展地区经济的最佳途径。

“三江源自然保护区”的主要特点：1. 是世界上江河最多的保护区；2. 是世界上海拔最高、面积最大的高山草甸及湿地区；3. 是世界上高海拔地区生物多样性集中的地区。

· 建立“三江源自然保护区”的步骤

1. 今年 3 月中旬拟召开建立“三江源自然保护区”可行性研讨会。请国家林业局、国家环保局、中国科学院、国家科委、国家计委、青海省的领导及有关专家学者对建立“三江源自然保护区”进行可行性论证。

2. 在充分论证的基础上给国务院起草建立“三江源自然保护区”的方案。方案批准后请中央领导同志为“三江源自然保护区”题词。

3. 今年 7 月 24 日在玉树州召开建立“三江源自然保护区”大会，并举行中央领导同志题词的立碑活动。每年的 7 月 24 日玉树地区的六县群众都在玉树的结古镇举行盛大的文艺、体育、经贸大会（会期 3 天），今后可将环境保护的内容增加到大会中。

4.7 月 24 日大会后，组织精干的科研及相关人员，用卫星遥感及地理信息系统等先进手段建立“三江源自然保护区信息系统”，对三江源有关地区进行考察。

5. 在考察研究的基础上，今年年底提交建立“三江源自然保护区”的规划及实施方案。

6. 各项活动中均邀请中央电视台、新华社等媒体进行宣传报道，唤起全民族的环保意识，为世界环保事业做出贡献。

· 主办单位：青海省人民政府、国家林业局、中国科学院。

· 承办单位：青海省林业厅、中国科学探险协会、中国科学院地理科学与资源研究所、民政部地名所、天津《今晚报》。

高登义　陶宝祥

2000 年 1 月 17 日

▼ 草原沙化

我和高登义的建议，得到了党中央和国务院有关部门的高度重视。国家林业局和青海省人民政府专门下发文件，支持中国科学探险协会的建议。国家林业局和青海省人民政府于2000年3月上旬，在北京召开了建立三江源自然保护区的专家论证会，进一步讨论建立三江源自然保护区的重要性和可行性。我和高登义分别向与会人员介绍了三江源的情况和建立三江源自然保护区的设想。到会的所有专家和各方面的领导一致同意：在西部大开发中，保护好中华水塔，建好三江源自然保护区是当前西部大开发中一项重要的战略任务。

第二天，人民日报、中央电视台、新华社等新闻媒体，向全国及全世界发布了中国要在世界海拔最高、湿地面积最大的三江源地区建立保护区的消息。从此，中国的词典上又诞生了一个新名词——三江源。中国的地名上又诞生了一个新地名——三江源地区，中国的保护区又诞生了一个新成员——三江源自然保护区。

消息公布后，我国东北三江平原的有关部门给国家林业局自然保护区管理司打电话询问是否是在他们那里建立自然保护区。国家林业局的同志向他们指出，我们要建的是长江、黄河、澜沧江三条江河源头的保护区，不是“三江平原保护区”。

经过专家们的论证，会议决定三江源自然保护区正式进入筹备阶段。同时，会议还决定，由国家林业局、青海省人民政府、中国科学探险协会共同主持，由天津天士力集团提供赞助，由中央电视台独家全程连续报道，组成“天士力三江源科学探险考察队”。考察队将于2000年6月16日至7月17日在三江源地区，为建立三江源保护区而再次进行科学探险考察。

此次科学探险考察是历史上规模最大、学科最多、考察面积最广的一次科学探险考察。考察队分为3个分队，长江队、黄河队、澜沧江队，针对不同江河流域存在的问题，配备了不同的专业人员。长江队以考察水资源和草畜资源为主，黄河队以考察鼠害、生态环境、动植物保护为主，澜沧江队以考察动物资源、生态环境建设为主。考察队由陶宝祥高级工程师任常务副队长、董锁成教授任副队长。

▼ 周长进、董锁成在日月山

▼ 黄河队在巴颜喀拉山口

天然草场的退化与沙化

本次考察中，我们发现的第一个大问题是天然草场严重退化与沙化。天然草场是三江源地区自然植被的主体，也是我们本次考察的重点。高寒草甸草场和高寒沼泽草场占三江源地区可利用草场的86%。三江源地区地势高，气温低，牧草生长期只有100天左右，所以牧草低矮，平均只有10厘米高，为低草区。区内牧草密集丛生，覆盖密度高达90%，每亩产鲜草约150千克，每11亩草场可养一只羊。三江源地区的牧

优质草场退化

草营养成分较高，脂肪、蛋白质、无氮浸出物含量高，纤维素含量低。这“三高一低”对牲畜生长十分有利，每到夏季，青草发芽后，牲畜吃上青草，很快就可复壮，入秋则能抓满膘，并能适时配种繁育。同时三江源地区水资源丰富，水质良好，牛羊有吃有喝，是理想的天然牧场。

近些年，三江源地区优质草场退化极为严重，主要表现在草原上黑土滩、虫害、鼠害、毒杂草面积逐年扩大。

黄河源地区黑土滩面积 8694.321 平方千米，长江源地区黑土滩面积 31696.859 平方千米，澜沧江源地区黑土滩面积 6691.996 平方千米，三江源地区黑土滩面积合计 47083.176 平方千米。黄河源地区虫害区面积 769.06 平方千米，长江源地区虫害区面积 2147.872 平方千米，澜沧江源地区虫害区面积 392.292 平方千米，三江源地区虫害区面积合计 3309.024 平方千米。黄河源地区鼠虫害混合区面积 926.115 平方千米，长江源地区鼠虫害混合区面积 2495.295 平方千米，澜沧江源地区鼠虫害混合区面积 2376.516 平方千米，三江源地区鼠虫害混合区面

▼ 大面积草原沙化

积合计5797.926平方千米。黄河源地区毒杂草面积5020.791平方千米，长江源地区毒杂草面积3767.337平方千米，澜沧江源地区毒杂草面积2893.071平方千米，三江源地区毒杂草面积合计11681.199平方千米。

除了草场退化之外，日趋严重的草地沙化是三江源地区存在的另一大问题。

三江源地区的草地沙化形势严重。黄河源地区正在沙化的草地面积3598.058平方千米，严重沙化的草地面积1927.031平方千米，合计沙地面积5525.089平方千米。长江源地区正在沙化的草地面积2089.334平方千米，严重沙化的草地面积1820.171平方千米，合计沙地面积3909.505平方千米。

草场的大量沙化和退化，使草原的自然灾害频频发生，雪灾、旱灾、风灾发生的频率越来越高，每年发生旱灾和风灾的时间越来越长，我们在三江源沙化最严重的一塔拉、二塔拉、三塔拉考察时，还曾遇上沙尘暴，大风把细沙扬起，昏天黑地，有的地方还刮起了龙卷风，只见茫茫草原上立着一根高高的沙柱，忽左忽右，急速地狂奔着。队员们都迅速地躲进汽车里，关好门，用衣服盖着口鼻。

大风过后我们的头发上，眉毛上挂满了细沙，车里也到处是沙子。严重的地方，大风吹起来的沙子会将公路都掩埋掉。我们经过的几处路段，都是养路工人把公路的沙子清理好后我们的汽车才开过去的。

草原的退化、沙化加剧了风灾的形成，风灾反过来加大了草原沙化的面积。

缺水与没电

缺水与没电，在一些贫困、落后的山区小村寨中存在，不足为奇。但你听说过水资源、水能资源都极为丰富的长江、黄河、澜沧江源头的曲麻莱县、玛多县、杂多县3个县包括县城在内的全县都没有电吗？水资源最丰富的长江第一县曲麻莱县，不但没电，连吃水都非常困难。

我国水资源面临的形势十分严峻。如果说20世纪八九十年代中国经济发展的瓶颈是基础设施和能源问题，那么，21世纪中国经济和社会发展的最大瓶颈之一将是水的问题。水危机将直接影响经济、社会发展的速度和质量，若处理不当将会威胁到中华民族未来的生存。三江源地区地域辽阔，地形复杂，是长江、黄河、澜沧江的发源地，素有“江河源”之称，也被誉为“中华水塔”，其战略地位和生态地位极为重要。20世纪八九十年代，长江流域洪涝灾害频繁发生，水土

大面积湖泊干涸

流失加剧、洪水肆虐；黄河流域连年断流。干旱缺水、土地沙化，已严重威胁到江河流域社会经济的健康发展和人民生产、生活的安全。

三江源地区水资源逐年减少，主要表现为冰川退缩、湖泊萎缩、湿地退化、地下水位下降。

三江源地区的冰雪、湖泊及沼泽地均为长江重要的补给源和水源涵养区。这里的冰川主要分布在唐古拉山北坡，最近研究发现这里的冰川均有不同程度的退缩。各拉丹冬的岗加曲巴冰川在1970~1990年的20年中，冰舌末端至少后退了100米，年均后退高达5米。

三江源地区湖泊广布，众多湖泊出现面积缩小，湖水也出现咸化、内流化和盐碱化的情况。面积500多平方千米的赤布张湖解体萎缩成4个串珠状湖泊，且湖水呈咸化。雀莫错湖的湖水面积现已减少了1/2。玛多县原有4000多个大小湖泊，已干涸了2000多个，现有湖泊的水位下降明显，鄂陵湖、扎陵湖的水位也下降了1米多。

黄河下游出现断流的同时，黄河源头也多次出现断流。

1997年1月至1997年3月，黄河在玛多黄河第一桥段断流4个月。

1998年2月20日到1999年6月3日，黄河在扎陵湖、鄂陵湖中间出现断流，断流时间长达数月之久。

三江源地区是青海高原沼泽的重要分布区，近年来沼泽地、湿草甸植被正向旱生高原植被演变。大片沼泽湿地消失，泥炭地干燥并裸露，导致沼泽湿地水源涵养能力降低。

地下水位下降是三江源地区的普遍现象。长江边上的曲麻莱县县城和黄河边上的玛多县县城，20世纪五六十年代经常遭遇洪水的袭击，县城经常被淹。两县都从原址往外迁了三四千米。迁址后，由于水资源的逐年减少，老县城再没有被淹过，全部变成了废墟。搬了新县城后，为了解决全县的吃水问题，只能打井采挖地下水。曲麻莱县县城共打了117眼井，到我们考察时已干枯了112眼，全县的人、畜饮水十分困难。县城从此还诞生了一个新行业——卖水。卖水人因陋就简改装一辆卖水车，每天到长江边取水，然后拉到县城去卖。

三江源地区水能资源极为丰富，国家为解决三江源地区人民的生活和生产用电也投了巨资，分别在三个县修建了水电站。但由于这个地区的教育落后、经济落后、技术落后、管理落后及自然灾害频繁，使得三个县的水电站运行了不长时间就报废了。以澜沧江第一县的杂多县为例，20 世纪 80 年代，国家投资了 340 万元在澜沧江上游支流的尕沙河上修建了一个装机容量 500 千瓦的水电站，但仅运行了两三年，在一次山洪暴发后，水电站进入瘫痪状态，两台 250 千瓦的机组均停止运行。

我们考察队在此地考察时，顺着醒目的电线和电线杆，沿着山路驱车两个多小时才找到水电站。水电站坐落在一个山坳里，由于当时选址不当，电站的位置与澜沧江的主流扎曲几乎水平，一遇到大的山洪暴发，扎曲河水位猛涨，造成河水倒灌，电站机组被淹的惨剧就发生了。我们发现机组旁高大的工具柜油漆还显得很新，机组所处的水里不时游动着小鱼。新柜子和小鱼形成巨大的反差，引起我们的深思，似乎显示着长期停滞的困境是暂时的，总有一天机组还会运转，噩梦终究会结束。在电站，我们访问了唯一一名既是工人又是站长的泽加。

▼ 县城里的卖水车

他告诉我们电站已几年不发电了，十几名员工都早已下岗，只有他一个人留守在这里，日夜陪伴着当年让他自豪、让他光荣的“老伙计”。他说当年他在杂多县也是一个响当当的人物，除了县委书记、县长以外他就是最有权威的人。每到黄昏，他把电闸一合，整个县城一片灯火通明，大人小孩欢歌笑语，家家户户的电视机都震天响，他心中的美是不能用言语来形容的。他告诉我们他现在每天只是打扫卫生和保护好这个工具柜，他盼着有一天，国家能拨款来修复电站，那时他就可以再现昔日的辉煌。

考察中我们发现，三江源地区的能源问题不解决，影响的不只是人们的生活和当地经济的发展，更重要的是还影响着三江源地区的生态环境。由于没有能源，人们日常生活只能依靠大自然。煮饭、取暖、烧水都要指望周围的森林和草地，让原本已经难以承受牧业负重的环境雪上加霜。而这种源头的生态破坏，必将影响全流域的生态环境。

在接受考察队采访时，杂多县周洛副县长说了一番肺腑之言，他最大的心愿是在任期内，将“吾泽”（吾泽就是藏语“光亮”的意思）引到杂多。

我们深知，迎来“吾泽”是容易的，永远将“吾泽”留在三江源，绝非易事。这是需要三江源地区各族人民共同努力奋斗才能实现的。

生存与鼠害

20世纪90年代后期，三江源地区流传着“人不灭鼠，鼠将灭人”的说法。这是三江源地区广大干部和群众的一致看法，同时也是三江源地区鼠害的真实写照。

考察队的鼠害防治专家中科院动物研究所的牛忆东博士指出，三江源地区生态环境的恶化已经威胁到很多生物的生存，但却为草原的鼠类提供了优良的生存环境，使得它们的数量急剧增加。鼠害严重干扰了正常的牧业生产和牧民生活，阻碍了当地经济的健康发展。

三江源地区约有草场2.1亿亩，其中可利用的草场面积约有1.6亿亩。近年来，由于鼠害的频繁发生造成草场退化面积逐年增加，1998年鼠害面积为3381.26万亩，占了可利用草场面积的19.34%，其中曲麻莱县和玛多县的鼠害尤为严重。据我们在这些地区调查，每公顷可利用草场，有自然鼠洞数1624个，有效鼠洞数597个，每公顷草地有害鼠120只。如果以每亩8只害鼠计算，3381.26万亩受灾草场上就有害鼠2.7亿只，意味着全区将损失牧草47亿千克，相当于286万只羊一年的饲草量，可见鼠害在三江源地区的危害已相当严重。

记者采访鼠害防治专家牛忆东

玛多县位于果洛州西北部，平均海拔超过 4200 米，是一个纯牧业县。由于特殊的自然气候因素，以及长期不合理的放牧（主要是过度放牧）加之近年来金矿的无序开采，大量植被遭到破坏，草场退化相当严重。该地区草场正以每年 20% 的速度退化和沙化，1980~1994 年 10 多年间，全县草地破坏约 320 万亩。这就为喜好干阔环境的高原鼠兔提供了优越的生存空间。鼠兔种群数量剧增，使本已退化的草场退化得更加严重。据统计，由于高原鼠兔和高原田鼠的肆虐，玛多县鼠害面积已达 136.8 万亩，占全县可利用草地面积的近 50%。草地破坏面积达 203.04 万亩，占全县草地面积 6.08%，主要分布在畜圈、退化的山顶、坡地、滩地和河漫滩。冬春放牧地，受害面积达 165.38 万亩，占鼠类破坏面积的 78.83%，占全县冬春草地面积的 11.13%。

巴颜喀拉山北麓的 4 个乡（扎陵湖乡、黑河乡、黄河乡、清水乡），草地是以莎草科植物为优势种的草甸草地，植被类型单一，退化面积大，鼠害严重，受害草地面积 143.07 万亩，占全县受鼠害草地面积的 68%。害鼠以高原鼠兔和高原田鼠为主。而花石峡、黑海等乡是以高寒干草原类草地为主的禾草草地，以被高原鼠兔破坏为主，受害面积 66.71 万亩，其中多为冬春草地以及公路两侧植被稀疏区，占该区受害面积的 90% 以上。

▼ 采访鼠害地区的受灾群众

据我们实地观察，由花石峡至玛多县城将近80千米的公路两侧的退化草地上，高原鼠兔数量相当多。可以说，放眼望去，鼠头攒动，一片“鼠丁”兴旺的景象，而与之不相协调的是其身边几乎赤裸的土地。由于该段道路正在补修，我们的吉普车不得已要从公路旁边绕过，这下可不得了，汽车的轰鸣声和震颤惊得刚才还悠闲吃草的鼠兔们一哄而散，不顾一切地四下逃窜，有的竟跑到车轮下命丧黄泉。在汽车驶过不久，一些胆大的鼠兔就急不可耐地从洞口探出头来，四下瞧望，大有伺机卷土重来之势。

由于玛多县是我们考察的重点县，因此花了较长时间进行调查。我们在距玛多县城四五千米的黄河沿公路北侧向南的坡面选定100平方米左右的样方设夹捕鼠。该地区草地退化较为严重，植被稀疏，草的平均高度不足5厘米，间或长有棘豆类毒草。到晚上8时左右共捕到6只鼠兔，第二天早上又捕到两只鼠兔和1只五趾跳鼠，总计9只，其中鼠兔8只。而在公路对侧几乎相同的环境，鼠兔数量明显减少，虽可偶尔见到，但布夹未曾捕到。据此印证了高原鼠兔家族地域性分布的特性，同时也看到了大量群居生活的鼠兔对其栖息地造成的巨大压力。当一个地区不能容纳时，鼠兔们会自行向周边地区迁移，从而危害其他草场。

在三江源考察时，我们发现大面积的黑土滩、黑土坡。所谓“黑土滩”、“黑土坡”，是指青藏高原海拔3700米以上高寒环境条件下，以嵩草属植物为建群种的高寒草甸草场严重退化后形成的一种大面积次生裸地，或原生植被退化后呈丘岛状的自然景观，因其裸露的土壤呈黑色，故得名。在草场向“黑土滩”退化的过程中，高原鼠兔和高原鼢鼠起了推波助澜的作用。在达日县城到满掌乡的沿途，除可以看到早已熟识的高原鼠兔外，还发现了许多在前一时期不曾见到的土丘，这些数不清的小土丘就是高原鼢鼠的杰作，一个个土丘、一个个鼠洞映入眼帘，我们已经进入了鼢鼠和鼠兔的领地。粗略计算了一下，在100平方米范围内有土丘四五十个，鼠洞近四十个。由达日经优曲、昌马河回大武的路上，只见路边的草地很多已被鼠兔挖得千疮百孔，仅在优曲至昌马河 30 多千米的路段，汽车就轧死至少 10 只横穿公路的鼠兔。

作为生态系统的成员，鼠类的种群数量会在生态系统的动态平衡中发生变化，无所谓益害。但是，当生态系统遭到破坏、难以维持其动态平衡时，鼠类将因不受限制而大量繁殖，此时才有鼠害发生。根据三江源保护区鼠害发生的情况分析，大致有以下几个方面的原因。

草场生态环境的严重破坏是鼠害肆虐的首要原因。由于科学养殖水平、经营管理水平落后，经济基础和技术力量薄弱，加之人们文化素质较低，牧区畜牧业生产一直采用传统且落后的逐水草而居，靠天养畜的经营方式，长期忽视天然草场的合理利用，片面追求牲畜存栏率。这种传统的放牧方式给天然草场带来的压力越来越大，全省草场利用率高达 85%。一方面人口和牲畜不断增长，另一方面严重忽视草地资源的保护与建设，使草地资源短缺的矛盾激化。长期掠夺式经营、过度放牧使大部分水草丰美的草场严重退化，植被也向退化演替方向进行（牧草的盖度、密度、株高明显降低，而一些毒杂草如棘豆、细叶亚菊、长叶毛茛等则趁机繁殖）。这正为喜好开阔生存环境的高原鼠兔和喜食杂草根部的高原鼢鼠提供了优良的生存空间，鼠兔数量增长过快，自然会形成鼠害，必然造成草场退化及沙化。

► 高原鼠兔

淘金与挖“草”

三江源地区盛产黄金和冬虫夏草，这两项宝贵资源既给三江源地区带来了财富，又给三江源地区的生态环境带来了巨大破坏。

三江源地区流传着许多有关黄金的美丽神话和传说，也流传着不少“淘金娃”悲惨的淘金故事。有资料统计，在国民党马步芳统治青海时，虽然生产力极为低下，但每年纳入马步芳私人金库的黄金却多达 4 万两以上。当时在黄河源头玛多县的星宿海东沟淘金厂谋生的“淘金娃”们，偶然发现沙砾中夹杂着不少状如半个蚕豆的小金块，

淘金破坏了大片草原

此即足赤的“豆瓣金”，便争相捡拾。消息传开后，各处的金厂掌柜们蜂拥而至，为抢占金厂，相互开枪，激战多日，相持不下。驻金厂的人员急电马步芳，马步芳便电示其堂弟——时任玉树警备司令的马步銮，命令他亲率军队开赴金厂。经实地调查得知，“淘金娃”们发现大量黄金的地方是一条长约 500 米，宽约 300 米的干枯河床。马步銮以各金厂掌柜所带“淘金娃”多寡，划分采金地段的大小，命其不得越界闹事，所采黄金全部卖给马氏兄弟，违者严惩不贷，遂以武力结束了这场“黄金之战”。这一年，其中有一位名叫王尕义的金厂掌柜，是湟中县鲁沙尔人。他在其所分到的地段内，挖出了一块重达 23 千克的巨大金块。王尕义不敢私藏，便将金块廉价卖给了马步芳。马步芳喜出望外，以为天降瑞祥，立即命人赶制了一个十分精致的大镜

▼ 草原被挖得满目疮痍

框以陈放金块，并注明重量、产地、采得日期等，后放在公馆中，供亲信和幕僚们观赏。此金块形状奇特，如一只猛犬哮天，金光夺目，见者莫不叹为观止。

中华人民共和国成立后的很长时间里，这片藏金的大地被人们冷落和遗忘了。20 世纪 80 年代中后期至 90 年代中期，淘金热再次兴起。来自甘肃、四川、陕西，甚至河南的成千上万名采金者，纷纷涌入三江源地区淘金。淘金热不但给国家的黄金资源造成巨大的损失，也给三江源地区的生态环境造成巨大破坏。

曲麻莱县仅有 2 万人，但每年从外地赶来该县采金的就有 16 万人。他们吃在草原，住在草原，破坏在草原，把 300 多千米的沿江优质草场翻了个底朝天，导致植被完全被破坏，形成了大面积的沙地，沙地又为周边地区的土地沙化提供了大量沙源。长江源头地区由于植被稀疏，山高坡陡，遇强降雨，多有山洪暴发，泥沙俱下。据长江源头的通天河直门达水文站的统计，每年源头地区输入长江的沙量约为 950 万吨。

第二次草原破坏的高潮，是发生在 20 世纪 90 年代的挖虫草热。

冬虫夏草又叫虫草，是青海省著名的具有滋补作用的奇异中药材。它实际是麦角菌科真菌冬虫夏草的子囊座和蝙蝠蛾幼虫尸体的结合体，也可以说冬虫是受真菌感染而死的虫体，夏草是从虫子头部长出的真菌子座。它生长在海拔 2800 米以上的高山草甸带上。西藏的那曲、林芝、昌都，青海的玉树、果洛，四川的阿坝、甘孜，云南的迪庆、甘肃的甘南州等地都出产冬虫夏草。青海省玉树藏族自治州三江源地区产的虫草以色泽褐黄、肉质肥厚、菌座短而粗壮，质量极好而出名。

虫草性温味甘，有保肺益肾，补精髓，止咳化痰，滋补益寿，爽神明目等功效，营养价值和药用价值很高，在国际市场上享有极高的声誉。青海省的虫草产量居全国之首，在东南亚各国、日本以及中国沿海地区的市场上供不应求，是人们争相购买的滋补品。

进入 20 世纪 90 年代，虫草的药用价值越来越被人们所认识，因而虫草的价格也一路攀升。三江源地区的杂多县，财政收入的 70% 来自于虫草。每年五六月份是虫草的采摘期，全县的工人干部放假两个月，与当地农牧民一起上山挖虫草。两个月不发工资，同时还要交县财政一些收入，按 20 世纪 90 年代虫草的价格计算，一般一个成年劳力两个月挖虫草的收入可达万元。近年来，三江源地区以外的人员大量涌入这一虫草产区，这些人一般没有识别虫草和挖虫草的经验，而是采取翻地的方法采摘，有时一根虫草没挖到，草场却翻了一大片。三江源地区的生态环境十分脆弱，这些草场被毁坏以后，再恢复起来十分困难。

冬虫夏草由于分布地区狭窄，自然寄生率低，对自然环境要求苛刻，资源比较有限。近年来，由于冬虫夏草产地的生态环境遭到人为破坏，再加上大量盲目不合理的采挖，致使虫草资源日趋减少，产量也逐年下降。

鉴于挖虫草给草原带来的破坏，2000 年中央有关部门发出了禁挖甘草和虫草的通知。当时我们正在三江源地区考察，中央电视台《焦点访谈》的记者专程到三江源地区为禁挖虫草的报道采访了我和董锁成。我们指出了中央有关部门禁挖的通知非常正确，及时制止了三江源地区挖虫草给草原带来的破坏。同时，我们也指出虫草资源是可再生的可利用资源，第一年采摘后第二年还长，如果不及时采摘也是一种资源浪费。而且三江源地区生产力十分低下，几乎没有什么工业和加工业，农牧民生活十分困难，每年虫草收入是他们家庭经济的重要来源。此外，他们有虫草采摘的经验，如果只是当地人来采摘，对草原的破坏不是太大，为此，我们建议在全面禁止的前提下，在当地有计划、有管理、有组织地组建虫草采集队去采摘虫草。这样既发挥了本地的资源优势，又能使当地群众取得经济收入，并且还保护了草原生态环境。

从首富县到贫困县

三江源地区 20 世纪 80 年代曾出现过全国首富县——玛多县。玛多县全县面积 4.5 万平方千米，20 世纪 60 年代这里生活着 4000 多人，七八十年代随着畜牧业飞速发展，人口也随之迅速增加，1999 年全县人口总数为 10717 人。

当地群众说：“20 世纪 70 年代初期，玛多县到处都是宝。地上有草，水里有鱼、沙里有金、牛羊遍地跑。”

玛多县 20 世纪 70 年代初期水资源极为丰富，全县原有大小湖泊 4077 个，湖水多清澈见底，湖中盛产黄河源头的名贵鱼——裸鲤鱼。这种鱼长得非常慢，一条三四千克的鱼，要长 10 多年。一张普通的小网撒下去，就能打上 50 千克左右的鱼。如今大量湖泊干涸，鱼也越来越少。

▼ 超载过牧

玛多县的黄金当时以其储量、色泽、纯度，在全国都享有盛誉。20 世纪八九十年代，每年都有几万人用土办法采金，给当地草场及金矿资源造成了巨大的破坏。

当时玛多县的草场资源得天独厚，很多珍稀野生动物在这里繁衍生息，也为畜牧业的大发展创造了有利条件。玛多县曾经是连续 3 年人均收入全国第一的首富县。

然而 20 世纪 80 年代以来因受过度放牧、无序采金、滥挖虫草及全球气候变暖等因素影响，草原生态环境受到严重破坏。进入 20 世纪 90 年代，鼠害、风灾、干旱等自然灾害频繁发生，原本极为脆弱的高原植被再次受到严重破坏。大部分地区水源涵养功能大大下降，2000 多个湖泊干涸，草场退化、沙化区域逐年扩大，生态环境急剧恶化，导致贫困人口逐年增加。

三江源地区由于历史和自然的原因导致生态环境恶化，造成区域经济发展相对滞后、基础设施建设不足、现代化建设人才匮乏、改革

▼ 森林被盗伐

开放政策利用能力较弱、市场活力不强、区域发展模式落后、地方政府管理能力有待提高。人均国民收入逐年降低、物价相对偏高，牧民生活十分清贫。玉树州有 6 个县，除玉树县外，其他 5 个县均为国家级贫困县。玛多县也从 20 世纪 80 年代的全国首富县，沦为 90 年代的国家级贫困县。

教育发展严重滞后，牧民子女入学率极低，小学以上文化程度的人所占比例极低。懂汉语识汉字的牧民也比较少。电视、广播、报纸在牧民家庭几乎没有。换句话说，普通牧民没有能力听到中央政府、省政府和州政府的声音，甚至连县政府的声音也很少听到。三江源地区寺庙林立，虔诚的藏族牧民所能够听到的最多的声音多来自这些寺庙。

公路建设质量低、数量少，配套设施不完善。考察队在囊谦县 5 天、在杂多县 10 天均买不到汽油，最后只有靠两县政府以政治任务

▼ 为考察队打酥油茶

来完成考察队汽油的补给。在电力不能得到保证的囊谦和杂多，石油就成为唯一的现代能源，缺乏能源就等于缺乏现代文明的基础。三江源地区没有全国电网可以依托、能源结构原始落后。小水电越办包袱越大。第二产业没有存在基础，第一产业内部结构单一，没有形成产业链。社会经济抵御自然灾害的能力极弱。土地面积相当于山东、江苏之和的玉树州既无铁路又无机场，还缺乏必需的通信设施。不少乡政府与县政府之间连电话都还没接通。

医疗卫生条件差，缺医少药在三江源地区极为普遍，在一些牧业乡死亡率最高的病竟然是阑尾炎。游牧民住宿条件更差，我们调查的杂多县游牧户，除扎青乡首富次仁平青全家睡木床外，其余的大多数游牧民全家席湿草地而卧。问其缘由都说木床虽好但无钱买。据了解，风湿、白内障在年纪大的游牧民中发病率极高。随队医生介绍说，风湿与睡湿草地有直接关系，白内障与高原紫外线强有关，但限于医疗资源与家庭经济条件，能得到治疗的牧民几乎为零。

生态难民

在三江源地区考察时，我们经常看到一批批赶着牛羊，带着一家老小四处迁移的牧民。

在黄河源我们见到了一个叫阿旺的藏族老乡，他带着妻子和4个孩子正在拆帐篷。他告诉我们这里的牧草已经不够牛羊吃了。他是去年年初才搬到这里来的，刚住了一年半又要搬家了。我们问他老家在哪里？什么时候从老家出来的？老阿旺深情地看了看东方，告诉我们他的老家离玛多县城只有10多千米，近几年草场上的草越来越少，牛羊没得吃，一年半前离开家乡来到了这里，现在这里的草也不够吃了。只有再往上面没有人而有草的地方搬。听说那里的草也不是很好，不过没有办法，只能往那里去，不能在这里等着牛羊饿死。

离开了老阿旺，我们的心情十分沉重。生态环境的恶化，使草原上无数牧民家庭背井离乡四处流浪，形成了三江源地区特有的“生态难民”。

这不仅使广大牧民的生活水平日益下降，而且还带来了很多社会问题。过去在草原上很少有刑事案件发生，现在经常会有为争夺草场而发生流血冲突的事件。在玛多县城的一所学校里，校长领我们参观了一个班，全班30多名学生，有十多个孩子已经几年没有见到他

▼ 赶着牛羊去流浪

们的家长了。国家对这里的教育非常重视，孩子在学校的一切费用都由国家负担，有的家长把孩子放到这里就远离家乡放羊去了。孩子几年见不到亲人，逢年过节也是孤苦伶仃地待在学校，实在让人可怜。老师还要承担这些孩子家长的责任，特别是当一些孩子生病的时候，老师最担心，默默地祈祷生病的孩子早日恢复健康。

下课后，班主任老师领我们见了一个叫卓玛的小姑娘。她个头不高，如果不告诉我们她已经 10 岁了，真的很难看出来。她穿着一件破旧而且很脏的旧棉衣，脚上穿着单布鞋。我们问她想不想父母，她撅着嘴，低着头，半天不吱声。当问她知不知道爸爸妈妈去哪里时，小姑娘满眼含泪地说："他们说去放羊，我也不知道他们到哪里去了。"说完便失声痛哭。班主任老师细心地帮卓玛擦干了眼泪，并把她领回到教室。

铛……铛……校长用一根铁棍用力地敲打着吊在房檐下的角铁，发出上课的"钟声"。孩子们一窝蜂地跑回了教室。我们又特意来到了卓玛所在班的屋外。老师正在领孩子们大声朗读："天苍苍，野茫茫，风吹草低见牛羊……"在孩子们的童声中，我们听到了一个最洪亮、最美丽的声音，她来自于卓玛幼小稚嫩的心灵，表达了她内心深处的祈盼与渴望，同时也预示着这个地区的希望与未来。

▼ 有草就安家

三江源地区生态环境的恢复，不仅仅是孩子们的祈盼与渴望，更体现在三江源地区几十万人民为了改变目前的状况而生生不息的努力和奋斗中。玛多县委书记王志江同志就是这

些人中的杰出代表。

王书记祖籍山东，父辈们很早以前来到黄河第一县的玛多谋生。王书记出生在玛多县花石峡一个乡干部的家中。正如他自己所说，是喝酥油茶、吃糌粑和牛羊肉长大的。他高中毕业后在花石峡当了一名民办教师，经过自身的努力和党的培养后来逐渐走向了领导岗位。在他当县教育局局长时，家里的生活发生了重大转机，他爱人的亲属在香港有一笔遗产可以继承，于是他们全家选择到香港定居。王志江同志在香港住了半年多，便毅然放弃了香港舒适的生活，告别妻子和孩子又回到了草原，并担任全县的一把手。他还是放不下生他养他的辽阔草原，时时挂念着家乡淳朴贫穷的藏族同胞。

在我们访问他以前，就听说了很多他带领全县人民脱贫致富的故事。

我们去县委拜访他的时候，他正在和省里来的同志协调今年的种草问题。他心急如焚，眼看种草的季节马上就要过去了，可种草的经费还没有落实。他对我们说："眼睁睁地看着玛多县生态环境一天天恶化，却只能干着急。种草灭鼠制止玛多县生态环境恶化，是我们这一届领导班子立下的誓言。我们玛多县的群众生活已经很苦，可我们还是筹集了 200 多万元的资金用于草原建场，但光靠我们的力量是不够的，改善玛多县的生态环境需要各方面的支援。如果今年省里拨下

▼ 废弃的旧县城

的种草经费不及时到位，那我们今年雨水多的大好时机就错过了。”这几天王书记急得牙龈都肿了，他右手捂着脸，一脸的无奈。

在省里来的人向有关单位汇报的间隙，我们拜访了王书记。向他询问了玛多县生态难民、超载过牧对生态环境的影响等问题。王书记说：“玛多县之所以草场退化、沙化严重，湖泊干枯，主要原因是这些年草原过度放牧和鼠害严重，再加上连年干旱，生态环境恶化已严重影响了玛多县的经济发展。这些年已经有30%的人口流失，这些人背井离乡，四处追逐水草而游牧，同时还给社会带来很多新的问题。我作为一个县委书记真对不起这些藏族的父老乡亲。如何改变县里的面貌，如何把他们吸引回来，我认为只有一条路，种草、灭鼠、禁养、限养以改善生态环境。只有这样才能让广大牧民安居乐业。过度放牧的现象在玛多的确存在。20世纪70年代末期，玛多的牲畜存栏量达到了顶峰，人均拥有牲畜130多只，在全国是数第一的。那时，上级衡量我们经济工作的标准就是看牲畜的存栏量，牧民们也为帐篷外拴养着大量牲畜而自豪。可是大量的超载放牧给草原带来了极大的破坏，现在这种情况还普遍存在。总之，过去的玛多是‘风吹草低见牛羊’，现在的玛多是‘千疮百孔老鼠仓’。现在党中央做出了西部大开发的英明决策，并把西部生态环境建设提到重要日程。我们这届领导班子决心在党中央的指引下多干实事，相信经过几十年的草原建设，‘风吹草低见牛羊’的景象一定能重现。”

王书记的一席话对我们鼓舞很大，草原上有这样的领导干部，又有那么多吃苦耐劳的群众，我们深信草原的生态环境一定能够恢复。

三江源自然保护区

20 世纪八九十年代，我国长江、黄河下游地区的生态环境已经严重恶化。长江中下游连年发生洪涝灾害，黄河一些地区则是经常断流。水土流失、土地沙化、干旱缺水已严重制约中下游地区社会经济的健康发展。可见，加强江河上游地区生态环境保护，已成为一项刻不容缓的全局性战略任务。建立“三江源自然保护区”就是加强生态环境保护、促进生态环境改善，实现全流域可持续发展的根本途径，也是实施西部大开发战略的重要切入点。它不仅保护了江河上游地区的生态环境，而且也保护了中下游地区和周边国家的生态安全，不仅功在当代，而且造福千秋。

中华水塔三江源

为建立“三江自然保护区”而进行的科学考察结束后，我们利用2001年以前的多次考察资料编制了“三江源自然保护区”的总体规划，并提交给了青海省政府和国家林业局，其主要内容是：三江源自然保护区总面积为31.8万平方千米，包括玉树、果洛、海南、黄南藏族自治州和海西蒙古族藏族自治州的17个县（市），人口有55.72万。三江源自然保护区是以保护水资源和水环境、生物多样性保护和治理、生态环境修复为主的国家级自然保护区。该保护区现有野生动物271种，其中兽类有8目20科76种，鸟类有16目35科147种，两栖爬行动物7目3科48种，保护区内有国家一、二级保护动物51种。保护区内的植物有80余科，近1000余种。根据三江源地区特殊的地理位置、丰富的生物资源及其多样的自然景观，拟将保护区规划为3大区域，18处核心区。3大区域如下。

珍稀野生动物白唇鹿

1. 西部、北部高寒草甸（灌丛）及珍稀野生动物保护区

本区包括海西州格尔木唐古拉乡，玉树州的杂多、治多、曲麻莱三县和称多县的大部分地区，以及果洛州的玛多县，总面积为 20.555 万平方千米。本区地势高峻，海拔在 4200 米以上，气候寒冷，多为内陆湖盆或浑圆丘陵状地貌。区内湖泊星罗棋布，水资源丰富，植被多为高寒草甸类型。由于特殊的地理环境，加之人烟稀少，使本保护区的主体区，保护对象以水源、湿地、有蹄动物（如藏羚羊、藏野驴、野牦牛、岩羊）和水禽鸟类等为主。

2. 中部与南部高山灌丛、森林和珍稀野生动物保护区

本区包括玉树州的昂欠、玉树两县和杂多县的部分地区，以及果洛州的班玛、达日和久治三县，面积为 6.212 万平方千米。区内山地居多，地势陡峻，形成高山峡谷地貌，气候较湿润，海拔在 3500~4200 米。沿河谷地区分布着原始森林和高山灌丛林，生态系统较完整，孕育着许多国家重点保护的珍稀野生动植物物种。本区植物以森林灌丛类型为主，主要保护对象是青海云杉原始林、祁连圆柏原始林、山地高寒灌丛和森林灌丛林等。野生动物有猕猴、白马鸡、兰马鸡、马鹿、白唇鹿、藏雪鸡、血雉等。

3. 东部、北部次生森林及高寒草甸保护区

本区包括果洛州的玛沁、甘德县和海南州的兴海、同德县大部分地区以及黄南州的泽库、河南两县，面积 5.042 万平方千米。本区地势相对较低，东部处于黄土高原与青藏高原的过渡地带，植被稀少，水土流失严重，河谷阶地是次生林的集中分布区，生态环境也极为脆弱。区内以次生森林和高寒草甸为主，主要保护对象是高寒草甸和次生林。

三江源国家级自然保护区各功能区区划，是根据《中华人民共和

国自然保护区条例》的有关规定和该保护区的特点，以及结合区域经济的发展划分的。我们将其划分为核心区、缓冲区和实验区3个功能区；并在保护区整体建设上突出4个原则。这4个原则包括有利于保护区生态环境的治理与保护原则；有利于科学研究，进行生物多样性保护、开展救护、监测和驯养的原则；有利于三江源地区广大群众的生活水平的改善和提高，发展地方经济的原则；有利于促进自然资源保护与开发，促进区域经济发展的原则。同时实施核心区、缓冲区和实验区分步投入建设的运行管理机制，即18处核心区、缓冲区由国家林业部门建设，实验区建设纳入西部大开发生态治理工程项目中实施。

核心区既是自然保护区的核心，也是保护对象集中分布的区域，应采取封禁管护、集中建设、严禁人为的活动与干扰。同时将现有核心区内的游牧民，分区分批迁出，在尊重他们宗教信仰、生活习惯的前提下，妥善安置。

缓冲区是核心区的保护屏障，也是核心区与实验区的过渡区域，对核心区的保护起着缓冲作用，一般只允许从事科学研究、教学实习、调查监测等活动。

实验区是缓冲区以外的区域，也是整个保护区生态环境治理和社会发展相结合的重要区域。其面积较大，涉及方方面面，在实施西部大开发战略中具有十分重要的地位。因此，该区域的建设既要有利于保护区的发展，也要有利于区域经济的发展。该区可以开展一些人为活动，如生态旅游、多种经营、畜牧业生产等。

三江源国家级自然保护区共规划18处核心区和缓冲区，1处实验区。核心区的面积为6.2万平方千米，缓冲区的面积为5万平方千米，缓冲区外围区域构成实验区，面积为20.6万平方千米。

保护核心区、建设缓冲区是自然保护区的核心任务，其涉及的内容较多，投入也较大，主要包括管理设施建设，如房屋土建、道路建设、供电通信设施建设、防火设施建设、治安设施建设；科研、监测与宣传教育建设，如珍稀濒危野生动植物抢救中心、物种基因库、基础研究实验室、宣传教育培训中心、标本室、监测站等；环境治理建设，如部分群众的外迁安置等。

三江源自然保护区建设要从实际出发，充分考虑其建设的艰巨性、复杂性和持续性。同时，注意在西部大开发战略实施中，三江源保护区在青海省所处的战略地位和国家的重视与投入情况，采取分区与行业建设有机结合的方法进行，以确保各项建设目标顺利实施，并能使其发展同区域经济的发展相适应。采用统一规划、统一建设、分区管理、综合治理的有效模式，将该保护区建设成一个具有典型性、完整性和科学性的类型多样、布局合理、管理规范的自然生态保护区。在治理生态环境、保护生物多样性的同时，注重广大群众的生存与发展。保护区主要的建设内容包括：多种经营规划，如野生经济动植物养殖与培育、藏药材种植、渔业养殖、天然绿色蔬菜加工利用等；生态旅游规划，如旅游景点建设、文化教育、人员培训、设施建设等；

▼ 考察三江源

社区能源建设、减畜护草建设、牲畜防疫站建设，以及生态环境植被恢复建设等方面的工作。

根据三江源自然保护区建设指导思想和原则，确定核心区、缓冲区和实验区建设的国家管理与投资机制。同时，将实验区内的荒山荒滩实行“谁绿化、谁保护、谁受益”的优惠政策，由所在地政府发给荒山荒滩使用权和产权所有证，长期不变，受法律保护。

建立健全自然保护区组织管理机构，加强宣传，提高认识，执行有关法律法规，加强执法监督。建立设计、施工、验收、建档为主要内容的工程管理体系和准确、快捷、反映建设成果的检查验收监测体系。建立数据管理系统，以站为基本单位建立数据库，形成规范、完整的数据管理体系，为自然保护区的发展做好服务。建立生物物种多样性和环境动态监测预警系统，以便更好地指导保护与管理工作。建立科学技术应用与推广的示范系统，吸引外部先进管理与研究成果和经验，共同推动保护区的发展。

三江源自然保护区大事记

三江源自然保护区成立后，得到了党中央国务院及青海省政府、国家发改委、国家林业局、国家环保局的大力支持和帮助。2005 年 9 月 22 日《人民日报》发表了三江源自然保护区大事记：

2000 年 1 月，中科院高登义研究员和陶宝祥高级工程师经过实地考察后，提出应“开发大西北，保护三江源”，并提出建立三江源自然保护区的设想。

同年 2 月，国家林业局致函青海省政府，建议尽快考虑建立三江源自然保护区。

同年 5 月，青海省政府批准建立三江源自然保护区，规划面积 31.8 万平方公里。

同年 7 月，江泽民总书记为三江源自然保护区题写区名。同年 8 月，国家林业局和青海省政府共同举行了三江源自然保护区纪念碑揭碑仪式。

2003 年 1 月，三江源自然保护区晋升为国家级自然保护区，面积调整为 15.23 万平方公里。

同年 7 月，全国人大常委会副委员长韩启德率领考察团赴三江源地区调查，并致信胡锦涛总书记，就三江源地区生态保护问题提出了意见。

同年 8 月，胡锦涛总书记、温家宝总理和曾培炎副总理等对此作出重要批示，要求抓紧编制《青海三江源自然保护区生态保护和建设总体规划》(以下简称《总体规划》)，推进三江源区生态保护和治理工作。2004 年 6 月，在国家发改委、林业局、环保总局等部门和青海省政府的共同努力下，《总体规划》完成。

2005 年 1 月，温家宝总理主持召开国务院第 79 次常务会议，讨论并原则批准了《总体规划》。

同年 2 月，国家发改委印发了《总体规划》，8 月开始实施。

2001年10月，青海省林业局给中国科学院发文：你所陶宝祥高级工程师、董锁成研究员、王国副研究员、周长进副研究员于2000年5月至2001年3月组织和参加了由青海省政府等负责的“三江源地区综合科学考察研究”项目，做出了重要贡献。陶宝祥任三江源综合科学考察队常务副队长，董锁成任考察队副队长兼黄河分队队长，王国任澜沧江分队队长，周长进任长江分队队长。他们顽强拼搏，克服困难，圆满完成了考察任务，向我省提交了《三江源自然保护区综合科学考察报告》，提出了建立三江源自然保护区的重要建议，得到了国家领导人的高度重视，为国家和我省建立国家级自然保护区提供了重要的科学决策依据。

2001年10月，国家林业局给中国科学院地理科学与资源研究所发文：你所陶宝祥高级工程师、董锁成研究员、王国副研究员、周长

牛忆东、陶宝祥、董锁成

水资源专家关志华

进副研究员于2000年5月至2001年3月在组织和参加由国家林业局等负责的“三江源地区综合科学考察研究”项目中，做出了重要贡献。陶宝祥任三江源综合科学考察队常务副队长，董锁成任考察队副队长兼黄河分队队长、王国任澜沧江分队队长、周长进任长江分队队长。他们顽强拼搏、克服困难，圆满完成了考察任务，向我局提交了《三江源自然保护区综合科学考察报告》，提出了建立三源自然保护区的重要建议，该报告呈报国务院后，得到了国家领导人的高度重视，为在三江源地区建立国家级自然保护区提供了重要的科学决策依据。

▼ 长江分队队长周长进

第一个国家公园

三江源自然保护区经过多年的保护性建设，生态环境得到了根本改变。超载过牧的现象已经杜绝，沙化的草原得到恢复，植树种草在三江源地区蔚然成风。青海省气象科研所 2018 年 1 月 17 日的监测数据显示：三江源地区大部分湖泊的面积近年来呈“扩容”态势，其中位于黄河源头的扎陵湖扩容最大面积达 564.56 平方千米，达到 15 年来最大值，其余湖泊面积扩大范围在 2.15~23.06 平方千米。

三江源地区生态环境的改善，是在党中央国务院的大力支持及三江源地区广大干部群众努力奋斗下结出的丰硕成果。三江源自然保护区的广大干部群众在已有成绩的基础上，砥砺前行、审时度势及时向党中央国务院提出《建立三江源国家公园的规划》。

青海省相关负责人多次表示：“保护好三江源，保护好‘中华水塔’，是青海义不容辞的重大责任，来不得半点闪失。我们要扎扎实实推进生态环境保护，确保三江清水向东流。这几年我们建立了从省

▼ 国家成立“国家公园管理局”

到村的五级统一管理体制，基本上消除了‘九龙治水’的局面。我们组织国内顶级专家起草了第一个国家公园总体规划，第一个国家公园试行条例和技术标准指南，有效支撑了国家公园的管理所需。我们建立了牧民参与的共享机制，为三江源地区广大牧民提供了 14 万个公益管理岗位。在青海大学开设国家公园管理方向的专业学科，同时与科研、金融和非政府组织签订战略合作协议。下一步我们将按照总体规划确定的原则、布局、定位、目标推动各项管理措施的落地，确保到 2020 年正式设立三江源国家公园，至 2025 年实现公园管理运行有效有序，到 2035 年把它建成为我国国家公园的典范。”

习近平总书记在中国共产党第十九次全国代表大会的报告上，在总结过去五年的工作和历史性变革时指出：“生态文明建设成效显著。大力推进生态文明建设，全党全国贯彻绿色发展理念的自觉性和主动性显著增强，忽视生态环境保护的状况明显改变。生态文明制度体系加快形成，主体功能区制度逐步健全，国家公园体制试点积极推进。

▼ 董锁成考察黄河源

全面节约资源有效推进，能源资源消耗强度大幅下降。重大生态保护和修复工程进展顺利，森林覆盖率持续提高。生态环境治理明显加强，环境状况得到改善。”

在党中央的英明决策下，国家发展和改革委员会于2018年1月17日公布了《三江源国家公园总体规划》，明确2020年正式成立三江源国家公园。

三江源国家公园体制试点是全国首个国家公园体制试点。规划中明确指出近期目标是至2020年正式设立三江源国家公园。国家公园体制全面建立，基本建成青藏高原生态保护修复示范区，成为共建共享、人与自然和谐共存的先行区，青藏高原大自然保护展示和生态文化传承区。中期目标是到2025年，保护和管理体制机制不断健全，全面形成绿色发展方式，使得山水林田湖草生态系统良性循环，形成独具特色的国家公园服务、管理和科研体系。远期目标是到2035年，使三江源国家公园成为生态保护的典范，体制机制创新的典范，我国

▼ 藏野驴得到了很好的保护

国家公园的典范，建成为现代化国家公园。

规划称，建立三江源国家公园有利于创新体制机制，破除“九龙治水”的藩篱。有利于实行最严格的生态保护，筑牢国家生态安全屏障。有利于处理好当地牧民群众全面发展与自然环境承载能力的关系，形成人与自然和谐发展的新模式。

三江源国家公园体制试点区域总面积12.31万平方千米，涉及治多、曲麻莱、玛多、杂多4县和可可西里自然保护区所管辖区域，共12个乡镇53个行政村。

三江源国家公园的建设是“绿水青山就是金山银山”伟大目标的实践。国家公园的规划得到了党中央和全国人民的高度认可。今后如何切实地把环境忧患意识转换为环境参与意识，把环境索取意识转换为环境奉献意识，应转为工作的重点去抓，并以不尚空谈多做实事为行动指南。

三江源环境退化是由诸多原因造成的，冰冻三尺非一日之寒，解冻也绝非一日之功。三江源生态环境修复治理的目标越来越明确，措施越来越扎实，但在实现目标的过程中仍将遇到许许多多的艰难险阻，甚至会遇到许多意想不到的问题。对此，必须保持十分清醒的认识，进而做好打持久战的准备。

改革开放至今，中国发生了翻天覆地的变化，各行各业取得的成绩举世公认。在党中央及青海省政府的正确领导下，三江源地区各族人民团结实干，在三江源国家公园的建立中，取得了世人瞩目的成绩。《科技日报》在2018年11月5日，庆祝改革开放40年的专题报道中，以《三江源：地球第三极的生态样本》为题，对三江源国家公园进行了全面介绍：“三江源、可可西里、阿尔金山、羌塘、珠穆朗玛峰五大保护区，同属高原荒漠生态系统保护区，青海、新疆、西藏、甘肃、云南同处祖国西部，把保护区建设成为国家生态安全屏障，是五省区共同面临的机遇和肩负的责任。2010年，青海可可西里国家级自然保护区与新疆阿尔金山国家级自然保护区、西藏羌塘国家级自然保护区、青海三江源国家级自然保护区的管理人员聚首西宁，组成了世界上最大的自然保护区联盟，建立了中国四大自然保护区协作联防保护机制。被誉为‘中华水塔’的三江源，长江、黄河、澜沧江奔流不息，每年向下游输送600亿立方米的三江清流。我国面积最大、平均海拔最高的世界自然遗产地可可西里有760种植物、125种野生动物在其内生息繁衍。2016年4月，三江源国家公园体制改革试点启动，这是我国首个国家公园体制试点，被誉为青海‘天字号’工程。国际上没有现成经验可借鉴，国内鲜有成熟模式可供参考，三江源国家公园体制试点需要破解的难题很多。”

用科技支撑三江源国家公园的建设是三江源自然保护区的建设者们一直遵循的根本原则。报道以科技助力“天字号”工程有了着力点为题：“距离三江源腹地1000余千米的青海省环保厅内，青海‘生态之窗’巨大的屏幕上成群结队的藏羚羊正在可可西里腹地尽情奔跑。通过摇杆，可实现对监测地区影像的远近即时切换和多点切换，从而对三江源生态保护区的野生动物进行智能监测、分析、跟踪和预警……如今，这样的观测点位已建设了23个。这只是青海省充分利用互联网、物联网、云计算和大数据等智能信息技术，不断加强生态环境信息化及生态环境监测网络体系建设的缩影。近年来，青海省通过信息化手段有力支撑了生态环境监测监管工作，也提升了生态环境保护综合决策和公共服务水平，更好地服务于‘生态大省、生态强省’建设，迅速推进了三江源国家公园信息化的建设。不仅如此，科技也正帮助人们恢复过去几十年来被破坏的三江源腹地的生态，逐渐成为这个‘天字号’工程中一个强有力的着力点。黑土滩是青藏高原草甸类草地中独有的草地退化现象，在青海省主要发生在三江源地区和祁连山的黑河、大通河源头等地，是治理草原生态破坏的难点之一。经过10年的不懈努力，青海大学畜牧兽医科学院副院长马玉寿和他领导的团队成功驯化选育出了我国第一个根茎型牧草新品种——青海草地早熟禾，这也是目前在黑土滩上种植的首选草种。这个治理三江源退化草场的当家牧草品种，以其发达的根茎繁殖能力，柔软的适口性及较高的产量，被中国牧草品种审定委员会审定为‘野生栽培品种’。目前青海省已建立起0.13万公顷该品种牧草种子的繁殖基地，每年可为1.3万多公顷的黑土滩治理提供种源。2005年至今，该草种已在三江源地区推广6.6万公顷以上。三江源地区的黑土滩治理工作也取得明显改善。”

人才问题一直是困扰三江源自然保护区发展的瓶颈，建设三江源国家公园更需要众多的创新型人才。三江源国家公园体制试点成功的重要保证之一是以雄厚的科技力量做支撑，但青海的科研基础薄弱，科技力量不强，难以满足三江源国家公园的科研需求。文章介绍：“按照中办‘关于督办三江源国家公园研究院’的意见，青海省提出了通过国家和地方结合的办法，成立三江源国家公园研究机构，汇集全国高层次科研力量，全力支撑三江源国家公园体制试点及建设。2018年9月14日，中国科学院三江源国家公园研究院揭牌，这是我国首个专门研究国家公园科技支撑建设的国家级研究机构，对三江源国家公园建设具有里程碑意义。据中国科学院三江源国家公园研究院学术院长赵新全介绍，中国科学院三江源国家公园研究院将围绕三江源国家公园的生态环境保护、人与自然和谐共生、区域可持续发展，开展机理研究、技术研发、模式集成，体制机制创新及政策设计等方面的研究，为三江源国家公园的科学化、精准化、智慧化建设与管理提供科技支撑，引领国家公园的重要研究方向，为我国国家公园建设与管理体系的建立提供借鉴与示范。无独有偶，2015年6月，总投资4000万元的三江源智慧生态畜牧业平台建设项目正式启动，这是青海在稳步推进全国草地生态畜牧业试验区工作中立足资源优势和生态现状进行的一次创新性探索。2017年9月，该平台的建设通过专家组验收。通过该平台，生态效益平均提高33%，生态服务功能和生态资产价值双提升。地处西部的青海省，‘人才’二字重于泰山。三江源国家公园管理局党委书记李晓楠表示将结合三江源国家公

▲ 生态草原

园的建设，以及中国科学院三江源国家公园研究院的成立，通过进一步的人力资源开发，做好人才工程，进一步加强科技支撑工作，同时通过三江源国家公园新建的研究院，将国家公园科技支撑和人才两个短板进一步补齐，进一步推动国家公园建设朝着又好又快的方向发展。”

三江源保护区已经走上了保护中发展与自然和谐发展的新道路。文章介绍：“29 岁的卓玛加是青海省玉树藏族自治州曲麻莱县多秀村的一位牧民。他的家乡位于可可西里地区，棕熊、藏野驴等野生动物常在周围出没。他常幻想着有一天能放下牧鞭，和自由奔跑的野生动物为伴，不为吃穿发愁。这一天真的到来了，2016年经自愿报名和政府选拔卓玛加成为三江源国家公园正式聘用的生态管护员，每月可获得1800元工资。三江源国家公园的建设，改变了当地居民的生活方式，如今大部分人和卓玛加一样开始了不一样的新生活。三江源国家公园管理局的生态保护处副处长巴桑拉毛说目前已经实现了一户一岗设置生态公益岗位的这样一个目标，共聘用17211名生态管护员开展生态保护工作。当地干部群众的理念也发生了根本转变，'靠山吃山，靠水吃水'的观念被'绿水青山就是金山银山'取代，尊重自然、顺应自然、保护自然的理念深入人心。仅2017年在玉树杂多县就发生了十多起牧民主动救助野生动物事件。三江源国家公园澜沧江园区昂赛乡管护站站长扎西东周表示现在老百姓对保护野生动物和自然生态的积极性非常高，生态环境得到了很好的保护，野生动物不断增多。在艰苦探索与实践的道路上，三江源国家公园正在逐渐成为美丽中国走向世界的一张亮丽的名片、国家生态安全保障的保护典范，将给子孙后代留下一方净土，让三江清流源源不断滋润中华大地。"

21世纪是实现中华民族伟大复兴的世纪。只要我们紧密团结在以习近平同志为核心的党中央周围，一代一代坚持不懈地艰苦奋斗，就一定能够得到一个环境优美独特、自然风光绚丽多姿、人与自然和谐相处、人民生活富裕幸福、经济繁荣昌盛、社会文明发达的新三江源。

绿水青山就是金山银山

党的十八大提出要尊重自然、顺应自然、保护自然的生态文明理念，并把生态文明建设与经济建设、政治建设、文化建设、社会建设一起列入中国特色社会主义事业“五位一体”的总体布局。这是党领导人民实现中华民族伟大复兴的重要思想飞跃，为我国实现人与自然、人与社会、人与人的和谐发展奠定了坚实的理论基础，提供了强大的实践动力。

党的十九大还把这一发展理念写入了党章。2017 年 10 月 24 日通过的《中国共产党章程》总纲中指出：中国共产党领导人民建设社会主义生态文明。树立尊重自然、顺应自然、保护自然的生态文明理念，增强绿水青山就是金山银山的意识，坚持节约资源和保护环境的基本国策，坚持节约优先、保护优先、自然恢复为主的方针，坚持生产发展、生活富裕、生态良好的文明发展道路。着力建设资源节约型、环境友好型社会，实行最严格的生态环境保护制度，形成节约资源和保护环境的空间格局、产业结构、生产方式、生活方式，为人民创造良好生产生活环境，实现中华民族永续发展。党中央的这一重要发展理念使我们深刻地认识到生态文明建设既是对发展的反思，也是对发展的提升。

三江之水向东流

一个民族的生存与发展必须依赖一定的自然环境，如果生

▲ 天人合一

态环境不能提供基本的能源资源，不能提供清洁的空气和水，那么连生存都难以为继，还怎能进行社会建设。纵观人类社会发展的历史，一些曾经盛极一时的古代文明，均因生态环境的恶化而最终消失在历史长河中。近300年来，西方工业文明创造了空前丰富的物质财富，但也付出了沉重的环境代价。它不仅消耗了地球亿万年的资源储备，而且还带来了全球性的生态危机。

经过41年的改革开放，我国在经济建设上取得了举世瞩目的成就，在相当长时间内保持经济快速增长，经济总量跃居世界第二。但是我们也应当承认，改革开放41年，也是经济发展与生态保护不断博弈的41年，在实现经济快速发展的同时，我们在生态环境方面也付出了相当大的代价。当前，我国经济社会发展面临着自然资源日益短缺、环境污染日趋严重、生态系统持续恶化的严峻局面。这也正是习近平总书记在党的十九大提出把生态文明建设放在更加突出地位的一个重要原因。

我国的国情是我国生态文明建设的立足点。当代中国正处于加快推进工业化、城镇化的历史阶段，发达国家上百年间逐步出现的资源环境矛盾，在我国短时间内集中显现。这一国情决定了中国的生态文明建设不能简单地放弃对物质财富的追求，不能简单地拒斥现代工业和现代农业，回到人类文明早期阶段的生产和生活方式。而应该发挥新兴国家的后发优势，跨越粗放型的发展方式，牢固树立尊重自然、顺应自然、保护自然的生态文明发展方式，避免重复走先“污染后治理”的老路，探索一条生产发展、生活富裕、生态文明的共赢之路。

▲ 绿水青山

▲ 美丽家园

当今中国正处于一个伟大变革的时代，中国的发展既面临前所未有的机遇，也面对前所未有的挑战。走中国人自己的道路是中国人民的历史选择。弘扬生态文化，推进生态文明，建设美丽中国，是中国人民的实践选择，同时也是中华民族实现伟大复兴中国梦的时代选择。我们深信在生态文明的建设中，全中国及三江源的明天会更加美好。

后　记

经过努力《天水三江：三江源自然保护区诞生记》终于完稿。掩卷静思，感慨万千。十年来，我们在为中华民族崛起曾做过巨大贡献的神奇土地上，默默探索，辛勤耕耘，终于探寻到了澜沧江的发源地，并促成了“三江源自然保护区”的建立，也算为西部大开发，尽了我们的一份绵薄之力。

本书得到了历次三江源考察队队员周长进、关志华、王国等人的大力支持，书中很多资料都是他们辛勤研究的成果。同时，本书也得到了国家林业局、青海省人民政府、青海省林业厅、天津今晚传媒集团、中新药业集团、天士力集团、中国科学探险协会及人民邮电出版社的大力支持与帮助，以及刘明、韦毅、张丽艳、闫德、赵川宇、陶烨、何元的支持。在此，向以上单位和个人表示衷心的感谢和敬意。

三江源考察结束后，我们的考察目标转向了对全球环境产生重要影响的特殊地区，如北极、南极、亚马孙等。2001 年至 2002 年，我们两次考察了北极的斯瓦尔巴德群岛地区；2003 年考察了北极地区；2004 年考察了南极地区；2005 年考察了贝加尔湖地区；2006 年考察了东非大裂谷地区；2007 年考察了世界第一大河尼罗河地区；2008 年考